My Number

清文社

はじめに

　2013（平成25）年5月24日に「行政手続における特定の個人を識別するための番号の利用等に関する法律」（いわゆるマイナンバー法）が成立し、2015（平成27）年10月から国民に対して個人番号（マイナンバー）の通知が開始され、2016（平成28）年1月よりいよいよマイナンバー制度が開始されることとなりました。
　マイナンバー法においては、マイナンバーや、マイナンバーと結びついた個人情報の漏えいを防ぐため、マイナンバーの収集や管理・保管、利用、提供、廃棄、委託等について非常に厳しい規制を課しており、事業者が自由にマイナンバーを利用することはできないこととされています。それゆえ、事業者としてはマイナンバーを慎重に取り扱う必要があるわけですが、マイナンバー法の規制内容は非常に複雑なため、その取扱いを巡って多くの疑問が生じることが予想されます。そこで、本書では、そのような疑問に答えるため、まず第1章においてマイナンバー制度の内容、特にマイナンバーの取扱いに関するマイナンバー法の規制内容について簡単に説明した上で、第2章において、マイナンバーの収集、管理・保管、利用、提供、廃棄、委託の各場面ごとに、事業者において日常的に生じると思われるマイナンバーの取扱いに関するトラブルについてQ&A方式で紹介しています。
　また、国民の関心を集めている新制度の導入ですから、事業者においては、リスク管理として、万一、マイナンバーの不正な取扱いや漏えいといった深刻なトラブルが生じた場合の対応についても準備をしておく必要があります。そこで、第3章においては、過去に個人情報の不正な取扱いや漏えいがあったケースを参考として紹介した上で、マイナンバーの不正な取扱いや漏えいがあった場合に事業者としてどのような責任を負うのか

について、民事、行政、刑事等の観点から説明をするとともに、これらのトラブルが生じた場合にどのような対応をすべきかについて説明しています。

　そして、最後に、第4章として、こういったトラブルが発生することを未然に防止するために、主に事業者としてはどのような措置を講じなければならないのかについて、特定個人情報保護委員会から出されている「特定個人情報の適正な取扱いに関するガイドライン（事業者編）」に基づいて説明しています。

　このように本書は単にマイナンバー制度そのものを紹介することが目的ではなく、事業者におけるマイナンバー制度に関する身近な疑問からリスク管理・危機対応に至るまでの具体的なトラブルに対処するためのガイドブックとなることを目指すものです。

　本書が事業者においてマイナンバーの取扱いを担当する方々の一助となり、マイナンバーの適切な取扱いに多少なりとも貢献できることになれば幸甚に存じます。

　平成27年10月

田辺総合法律事務所
代表パートナー弁護士　田辺　克彦

●目次

はじめに

第1章　マイナンバーの基礎知識
1　マイナンバー制度とは………………………………………………………… 3
2　マイナンバー制度上の基本概念……………………………………………… 4
(1) 個人番号と特定個人情報　4
　① 個人番号　4
　② 特定個人情報　4
　③ 個人番号と特定個人情報の違い　5
(2) 特定個人情報ファイル　6
(3) 個人番号利用事務と個人番号関係事務　6
　① 個人番号利用事務　7
　② 個人番号関係事務　7
　③ 個人番号利用事務等　8
(4) 通知カードと個人番号カード　9
　① 通知カード　9
　② 個人番号カード　9
(5) マイナポータル（情報提供等記録開示システム）　10
3　マイナンバーの特徴…………………………………………………………… 12
(1) 強力な個人識別機能　12
(2) 個人情報の紐づけ機能　13
(3) 「流通」することが予定されている　13
4　マイナンバーの取扱いに対する規制………………………………………… 15
(1) マイナンバーに適用される法令・指針　15
(2) 場面ごとの規制の概要　16
　① 取得　17
　② 管理　23
　③ 利用　23
　④ 提供　25
　⑤ 廃棄　27
　⑥ 委託　27
(3) マイナンバー法違反へのサンクション　27

第2章　マイナンバーを巡る日常的なトラブル
1　収集……………………………………………………………………………… 31

- Q1-1 支払調書の提出の要否が明らかでない場合のマイナンバーの取得の可否 31
- Q1-2 マイナンバーの取得後、支払調書の提供義務が発生しないことが明らかとなった場合の対応 33
- Q1-3 誤って不要なマイナンバーを取得した場合の対応 35
- Q1-4 書類作成担当者以外の従業員によるマイナンバーの受取りの可否 36
- Q1-5 提供拒否時の対応 37
- Q1-6 本人が自分のマイナンバーを知らない場合の対応 40
- Q1-7 従業員が扶養親族等のマイナンバーを知らない場合の対応 42
- Q1-8 取得対象者が死亡していた場合の対応 44
- Q1-9 番号確認書類と身元(実在)確認書類の住所が相違している場合の対応 47
- Q1-10 身元(実在)確認の省力化の可否 49
- Q1-11 番号確認の省力化の可否 52
- Q1-12 取得したマイナンバーが特定個人情報ファイルに登録されたマイナンバーと違っていた場合の対応 54
- Q1-13 委託先による本人確認 56
- Q1-14 本人確認書類の提出を受けられない場合の対応 58
- Q1-15 マイナンバーに誤りがあった場合の事業者の責任 61
- Q1-16 利用目的の追加が必要になった場合の対応 63
- Q1-17 利用目的の通知等を怠っていた場合の対応 67
- Q1-18 扶養親族等への利用目的の通知 68

2 管理・保管 72
- Q2-1 事務取扱担当者の範囲 72
- Q2-2 取扱規程の改定の対応 75
- Q2-3 退職した従業員のマイナンバーの保管 77
- Q2-4 マイナンバーの記載された書類の保管期間 78

3 利用 80
- Q3-1 マイナンバーを利用した顧客管理 80
- Q3-2 利用目的の特定 82
- Q3-3 従業員の同意 84

4 提供 86
- Q4-1 従業員からマイナンバーの開示請求があった場合の対応 86
- Q4-2 従業員の家族からマイナンバーの開示請求があった場合の対応 88
- Q4-3 公的機関からマイナンバーの開示請求があった場合の対応 90
- Q4-4 事業者内部でのマイナンバーの移動 91
- Q4-5 出向者のマイナンバーの提供 93
- Q4-6 グループ会社の共有データベースにおけるマイナンバーの管理 94

5 廃棄 96

Q5-1　保管期間経過後のマイナンバーの保管　96
　　Q5-2　廃棄の時期　98
　　Q5-3　保管期間中のマイナンバーの廃棄　99
　　Q5-4　データの削除　100
　6　委託 ……………………………………………………………………………… 103
　　Q6-1　マイナンバーの取扱いに関する委託契約　103
　　Q6-2　マイナンバーの管理状況が不明な委託先に対する対応　106
　　Q6-3　マイナンバーの取扱いが杜撰な委託先に対する対応　108
　　Q6-4　マイナンバーの委託契約を解除した後の対応　109
　　Q6-5　再委託の許諾を求められた場合の対応　110
　　Q6-6　クラウドサービスと委託　111
　　Q6-7　社内便の利用と委託　113

第3章　マイナンバーを巡る深刻なトラブル

　1　**マイナンバーの不正な取扱い** ………………………………………………… 117
　(1)　厳格な取扱制限　117
　(2)　不正取得　117
　(3)　不正利用　119
　(4)　不正な特定個人情報ファイルの作成　121
　(5)　廃棄漏れ　122
　2　**情報漏えい** ……………………………………………………………………… 123
　(1)　概説　123
　(2)　日本国内における個人情報の漏えい事故の特徴　124
　　①　情報漏えい件数・情報漏えい人数における業種ごとの分類　124
　　②　個人情報漏えい原因の分類　126
　　③　個人情報漏えい媒体・経路と業種ごとの関係　128
　(3)　原因別にみた国内における個人情報漏えいの具体例　129
　　①　主にヒューマンエラーに起因する情報漏えい　129
　　②　主に外部の第三者による意図的な攻撃に起因する情報漏えい　134
　　③　内部者（業務委託先を含めた従業員・派遣社員等）の意図的な不正行為による
　　　　情報漏えい　137
　(3)　海外における情報漏えい　140
　　①　米国における社会保障番号（SSN）の漏えい事故　140
　　②　韓国における住民登録番号の漏えい事故　142
　(4)　個人情報漏えい事例から予想されるマイナンバー漏えいルート　144
　　①　ヒューマンエラーによる情報漏えい　144
　　②　不正アクセスによる情報漏えい　145

③ 内部者の不正行為による情報漏えい　145
　3　マイナンバーの漏えいや不正取扱いによって生じる損害……………………… 147
　(1) 成りすまし被害　147
　　① 成りすましとは　147
　　② 成りすましによる損害　147
　(2) 精神的損害　148
　　① 精神的損害とは　148
　　② 精神的損害の額　148
　(3) 社会的コスト　150
　4　**事業者が負う責任**……………………………………………………………… 152
　(1) 民事責任　152
　　① 従業員の責任　152
　　② 使用者責任　152
　　③ 委託先の不祥事についての委託元の責任　153
　　　　参考：委託先からの個人情報漏えい事案に関する裁判例　154
　(2) 行政上の責任　156
　　① 特定個人情報保護委員会　156
　　② 個人情報保護法に基づく助言・報告の徴収・勧告の実際　157
　　③ マイナンバー法に基づく指導、報告の徴収、勧告・命令　157
　　④ 個人情報保護法改正による個人情報保護委員会の設置　159
　(3) 刑事責任　159
　(4) 事実上のリスク（レピュテーションリスク）　161
　5　**マイナンバーの漏えい事案等が発生した場合の対応**………………………… 162
　(1) 事業者の側における対応　162
　　① ガイドラインで求められる措置　162
　　② マイナンバー法違反についての報告　176
　　③ 流出ルートに応じた事後対応　180
　(2) 本人の側における対応　188
　　① マイナンバーの変更　188
　　② 特定個人情報保護委員会への苦情申出　189

第4章　マイナンバートラブルを防止するために
　1　**安全管理措置**…………………………………………………………………… 193
　(1) 安全管理措置とは　193
　(2) 安全管理措置を講ずる義務を負う事業者　194
　(3) 安全管理措置の検討・策定の手順　195
　　① マイナンバーを取り扱う事務や担当者の特定・明確化　195

② リスクアセスメント、具体的な安全管理措置の検討　197
    ③ 基本方針・取扱規程等の策定・実施　197
    ④ 定期的な見直し　198
  (4) 講ずるべき安全管理措置　198
    ① 基本方針の策定（ガイドライン別添安全管理措置2 A）　198
    ② 取扱規程等の策定（ガイドライン別添安全管理措置2 B）　199
    ③ 組織的安全管理措置（ガイドライン別添安全管理措置2 C）　200
    ④ 人的安全管理措置（ガイドライン別添安全管理措置2 D）　206
    ⑤ 物理的安全管理措置（ガイドライン別添安全管理措置2 E）　206
    ⑥ 技術的安全管理措置（ガイドライン別添安全管理措置2 F）　212
  (5) 中小規模事業者における安全管理措置　216
    ① 中小規模事業者とは　216
    ② 中小規模事業者が講ずるべき安全管理措置　217
 2　委託・再委託の管理…………………………………………………223
  (1) 委託先の監督　223
    ① 委託先における安全管理措置（ガイドライン第 4 - 2 -(1)1 A）　223
    ②「委託」の該当性　223
  (2) 必要かつ適切な監督　224
    ① 委託先の適切な選定　224
    ② 委託先に安全管理措置を遵守させるために必要な契約の締結　225
    ③ 委託先における特定個人情報の取扱状況の把握　225
  (3) 再委託　226
    ① 再委託の要件　226
    ② 再委託先の監督　226
 3　従業者の監督・教育……………………………………………………228
    ① 従業者の監督　228
    ② 従業者の教育　229
 4　特定個人情報保護評価…………………………………………………230
 5　本人の側における留意事項……………………………………………231

第1章 マイナンバーの基礎知識

第1章　マイナンバーの基礎知識

　本書は、マイナンバーに関してトラブルが発生しないようにするためにはどうすればよいのか、また、万が一、トラブルが発生してしまった場合にはどのように対応すればよいのかについて解説するものです。マイナンバー制度の内容について、詳しく解説することは本書の目的ではありません。しかし、本書をお読みいただくにあたっては、マイナンバー制度の概要や、基本的概念は押さえていただく必要があります。また、なぜマイナンバーのトラブルに焦点を当てる必要があるのか、これはすなわち、マイナンバーにはトラブルの素地があるということですが、そうした点についても、理解していただかなければなりません。

　そこで、本章では、こうした点についての理解に必要な限度で、マイナンバーの基礎知識について解説します。

 # マイナンバー制度とは

　マイナンバー制度（社会保障・税番号制度）は、住民票を有するすべての人に「マイナンバー」と通称される12桁の番号を付番して個人の識別を容易にし、行政運営の効率化や、行政分野における公正な給付と負担の確保を実現しよう、という制度です。根拠法は「行政手続における特定の個人を識別するための番号の利用等に関する法律」です（「マイナンバー法」とか、「番号法」などと通称されますが、本書では、「マイナンバー法」という通称を使っていきます）。

　これまで行政分野における個人の識別は、主に「基本4情報」と呼ばれる氏名・住所・生年月日・性別を組み合わせて行っていました。しかし、基本4情報は変更の可能性があったり、複数の表記方法があったりする（「田辺」と「田邊」など）ため、正確な個人の識別が行えないという問題がありました。その結果、同一人物の生活保護費の申請を別人物の申請と勘違いし、生活保護費を二重に支給してしまったり、逆に、そういった不正を防ぐために個人の識別を慎重に行おうとするあまり、行政事務が非効率化したりするといった問題が生じていたのです。そこで、正確・容易に個人の識別が可能となるマイナンバーを行政事務に導入することになったのです。

　マイナンバーは、制度の運用開始当初は、税・社会保障・災害対策の3分野において、かなり限定された範囲で利用されていましたが、その後、預金口座との任意での紐付けが始まるなど、徐々に利用範囲が拡大されています。政府は、マイナンバーのさらなる利活用の促進を目指しており、一部の医療機関では、2（4）②でご紹介するマイナンバーカードを2021年3月から健康保険証として利用できるようになりそうです。

第1章　マイナンバーの基礎知識

 # マイナンバー制度上の基本概念

次に、マイナンバー制度に登場する新たな概念について説明します。

（1）個人番号と特定個人情報
　マイナンバー制度のもっとも根幹となる概念が、「個人番号」と「特定個人情報」です。

・・・・・・・**① 個人番号**
　「個人番号」は、マイナンバー法2条5項で「住民票コード（中略）を変換して得られる番号であって、当該住民票コードが記載された住民票に係る者を識別するために指定されるもの」と定義されています。重要なのは、個人を識別するための番号が個人番号だということです。マイナンバー制度においては、住民票を有するすべての人に、12桁の番号が付番されます。

・・・・・・・**② 特定個人情報**
　他方、特定個人情報は、マイナンバー法2条8項で「個人番号（中略）をその内容に含む個人情報」と定義されています。ポイントは、個人情報の一種だということ、そして、その内容に個人番号を含んでいるということです。
　そもそも「個人情報」とは、「生存する個人に関する情報であって、当該情報に含まれる氏名、生年月日その他の記述等により特定の個人を識別することができるもの（他の情報と容易に照合することができ、それによ

り特定の個人を識別することができることとなるものを含む。)」(個人情報の保護に関する法律(以下「個人情報保護法」といいます)2①)を指します。つまり、ⓐ生存する個人の情報であって、ⓑ特定の個人を識別することができるもの、が個人情報なのですが、先ほど説明したように、個人番号は個人を識別するための番号ですので、個人番号も個人情報に該当するということになります。ただし、個人情報は、生存する個人の情報であり、死者の情報は含まれませんので、死者の個人番号は、個人情報には該当しません。

このように、個人情報とは、生存する個人の情報であること、個人番号も、生存する個人のものであれば個人情報に該当すること、などを踏まえると、特定個人情報については、以下の図式が成り立つことになります。なお、生存している人の個人番号単体でも、特定個人情報に該当します。

生存している人の個人番号＋他の個人情報＝特定個人情報

……③ **個人番号と特定個人情報の違い**

以上のように、個人番号と特定個人情報は、厳密には、死者のものを含むかどうかという点や、他の個人情報を含むかどうかという点で違いがあり、マイナンバー法や、後ほど紹介するガイドラインでは、両者を使い分けています。

しかし、生存する人の個人番号単体でも特定個人情報に該当するなど、両者の違いはそれほど大きいわけではありません。そこで、本書では、分かりやすさのため、マイナンバー法の条文やガイドラインの原文を引用する場合等を除いて、個人番号と特定個人情報の両者を含む概念として「マイナンバー」という通称を使っていきます。

(2) 特定個人情報ファイル

　特定個人情報に似た言葉として、「特定個人情報ファイル」という言葉があります。これは、マイナンバー法2条9項で、「個人番号をその内容に含む個人情報ファイル」を指すものとされています。個人情報ファイルというのは、個人情報保護法2条2項の「個人情報データベース等」を指しますので（マイナンバー法2④）、具体的には、以下のようなものが「特定個人情報ファイル」に該当することになります。

　まず、コンピュータを用いてマイナンバーを検索することができるように体系的に構成したものが該当します。後で説明するように、民間事業者もマイナンバーを利用することとなりますが、そのために独自のシステムを構築したり、システム会社が提供するパッケージソフトを利用したりする民間事業者も多いと思います。その場合、マイナンバーを含んだシステム用のファイルは特定個人情報ファイルに該当します。また、マイナンバーをデータベースソフトや表計算ソフトで管理した場合は、それらのファイルも、特定個人情報ファイルに該当することになります。

　他方、マイナンバーをコンピュータではなく、紙ベースの台帳で管理するという場合もあるかと思います。その場合、その台帳がマイナンバーを一定の規則に従って整理しており、かつ、目次や索引などの検索を容易にするためのものを有していれば、特定個人情報ファイルに該当することになります。例えば、従業員のマイナンバーを部署ごとに分類した上、部署ごとに50音順に並べ、さらに部署ごとにインデックスを付けた場合は、特定個人情報ファイルに該当することになると考えられます。

(3) 個人番号利用事務と個人番号関係事務

　個人番号や特定個人情報と並んで重要な概念が、「個人番号利用事務」と「個人番号関係事務」です。

① 個人番号利用事務

　個人番号利用事務は、マイナンバー法2条10項で、「行政機関、地方公共団体、独立行政法人等その他の行政事務を処理する者が第九条第一項又は第二項の規定によりその保有する特定個人情報ファイルにおいて個人情報を効率的に検索し、及び管理するために必要な限度で個人番号を利用して処理する事務」と定義されています。先ほど、マイナンバー制度の趣旨の1つとして、「マイナンバーによって個人の識別を容易にし、行政運営の効率化を図る」ということを挙げましたが、まさに、マイナンバーを利用して効率化を図る事務が「個人番号利用事務」であるわけです。先ほど述べたように、マイナンバーを利用するのは、制度の運用開始当初は、税・社会保障・災害対策の3分野の行政事務ですので、個人番号利用事務も、この範囲に限定されます。具体的には、マイナンバー法9条1項・2項に規定されている事務が個人番号利用事務に該当することになります。

　そして、個人番号利用事務を処理する者のことを「個人番号利用事務実施者」といいます（マイナンバー法2⑫。個人番号利用事務の委託を受けた者も個人番号利用事務実施者に該当します）。基本的には、行政機関や地方公共団体などが該当することになりますが、健康保険の分野でもマイナンバーを利用することとされている関係で、健康保険組合も個人番号利用事務実施者に該当します。

② 個人番号関係事務

　このように、マイナンバーは、行政事務の効率化のために、税・社会保障・災害対策の3分野で用いられるのですが、民間事業者が無関係かと言われると、そうではありません。というのも、この3分野のうち、税・社会保障の分野では、源泉徴収票や雇用保険の被保険者資格取得届の提出といった様々な形で、既に民間事業者が行政事務の一部を担わされているため、マイナンバーを利用して行政事務の効率化を図ろうと思えば、民間事

業者の協力が不可欠であるためです。民間事業者の協力義務は、マイナンバー法6条にも明記されています。
　具体的には、

> ・法令でマイナンバーの記載が求められる書類に
> ・従業員等から取得したマイナンバーを記載し、
> ・個人番号利用事務実施者に提出する

ということが求められることになります。例えば、所得税法に従って源泉徴収票に従業員のマイナンバーを記載し、税務署（個人番号利用事務実施者）に提出するといった事務です。こうした事務は、従業員を1人でも雇っていれば発生しますので、少なくとも普通に事業活動を行っている民間事業者は、マイナンバーと無縁ではいられないでしょう。
　このように、他人のマイナンバーを書類に記載し、個人番号利用事務実施者に提出するなど、法令によって他人のマイナンバーを利用する事務を行うものとされた者が、その事務を行うために必要な限度で他人のマイナンバーを取り扱う事務のことを「個人番号関係事務」といい（マイナンバー法2⑪）、個人番号関係事務を処理する者のことを「個人番号関係事務実施者」といいます（マイナンバー法2⑬。個人番号関係事務の委託を受けた者も個人番号関係事務実施者に該当します）。民間事業者は、基本的には個人番号関係事務実施者に該当することになります。

………③ 個人番号利用事務等

　なお、マイナンバー法は、個人番号利用事務と個人番号関係事務を併せて「個人番号利用事務等」（マイナンバー法10①）、個人番号利用事務実施者と個人番号関係事務実施者を併せて「個人番号利用事務等実施者」と定義しています（マイナンバー法12）。似たような言葉が出てきて非常に分かり

にくいのですが、マイナンバー法はこれらの言葉を使い分けていますので、読み間違えないように注意する必要があります。

（4）通知カードと個人番号カード
……① **通知カード**

「通知カード」は、マイナンバーを皆さんに通知するためのカードです。（マイナンバー法7①）。**図表1-1**のように、通知カードには、氏名・住所・生年月日・性別の基本4情報に加え、マイナンバーが記載されます。この通知カードが届くことで、皆さんは自分のマイナンバーを知ることができます。通知カードは、平成27年10月より順次発送されますので、既に読者の皆さんのお手元にも届いているものと思われます。

このように、通知カードは、マイナンバーを本人に通知することを目的としたカードですが、後で説明する本人確認のうち、番号確認のための書類として用いることもできます。ただし、顔写真が載りませんので、免許証やパスポートのように身元（実在）確認書類として利用することはできません。

図表1-1　通知カード

（出所）地方公共団体情報システム機構「個人番号カード総合サイト」
　　　　（https://www.kojinbango-card.go.jp/tsuchicard/index.html）

……② **個人番号カード**

これに対し、番号確認書類としてだけでなく、身元（実在）確認書類と

第1章　マイナンバーの基礎知識

図表1-2　個人番号カード

表面

裏面

（出所）地方公共団体情報システム機構「個人番号カード総合サイト」
（https://www.kojinbango-card.go.jp/kojinbango/index.html）

しても使えるのが、顔写真入りの「個人番号カード」です（マイナンバー法1⑦）。**図表1-2**のように、個人番号カードは、表面に基本4情報と顔写真が掲載され、裏面に個人番号が記載されます。また、ICチップが搭載されており、個人番号カードに記載された情報などが格納されることになっています。

　この個人番号カードは、申請しないと交付されません。また、交付を受ける際には本人確認が必要になるとともに、通知カードを市区町村に返納する必要があります。

　個人番号カードは、この後に説明する「マイナポータル」のログインに利用することも予定されています。

（5）マイナポータル（情報提供等記録開示システム）

　政府は、平成29年1月を目途として、「情報提供等記録開示システム」を設置することとされており、「マイナポータル」とは、その愛称です。

　マイナポータルには、以下のような機能が搭載され、皆さんは自宅のパソコン等でこれらの機能を利用できるようになる予定です。

・自分のマイナンバーをいつ、誰が、なぜ情報提供したのかを確認する機能

・行政機関などが持っている自分のマイナンバーについて確認する機能
・1人ひとりに合った行政機関などからのお知らせを表示する機能

　このように、マイナポータルには、マイナンバーをはじめ、重要な個人情報が多数掲載されることになります。非常に便利なシステムですが、万が一、他人が本人に成りすましてマイナポータルに不正にログインした場合、これらの情報が不正取得され、漏えいする恐れがあります。そこで、マイナポータルでは、個人番号カードのICチップに搭載された公的個人認証を用いたログイン方法が採用される予定です。

第1章 マイナンバーの基礎知識

マイナンバーの特徴

　次に、マイナンバーが有する特徴について、主に、マイナンバーにはトラブルの素地があるという点を中心に説明します。

（1）強力な個人識別機能

　先ほど説明しましたように、マイナンバーは、行政事務における個人の識別を容易にし、行政運営を効率化するために導入されるものです。そこで、個人を識別しやすくするために、マイナンバーは、以下のような特徴を持っています。

　1つ目が「悉皆性」（しっかいせい）。これは、住民票を有するすべての人（外国人を含みます）にマイナンバーが付番されるということです。

　2つ目が「唯一無二性」。複数の人に同じ番号が付番されることのないよう、別々の番号を付番するということです。同じ氏名を持つ人は世の中にたくさんいますが、同じマイナンバーを持つ人が複数存在することはあり得ない、ということです。

　3つ目が、原則として一生変わらないということです。氏名は、結婚や離婚によって変更となることがありますし、住所は転居によって頻繁に変更があり得るものです。このように、変更があり得るということが、基本4情報による個人の識別を困難にしていたのですが、マイナンバーは、結婚や離婚、転居があっても変更されることはありません。付番されてから死ぬまで、同じ番号を使い続けることになります。ただし、漏えいして不正に用いられる恐れがあると認められるときは、例外的に変更されることになっています（マイナンバー法7②）。

これら3つの特徴により、マイナンバーは、強力な個人識別機能・名寄せ機能を有することになります。

（2）個人情報の紐づけ機能

マイナンバーは、行政機関や地方公共団体などが有する様々な個人情報と紐づけて管理されます。例えば、市町村が有する世帯情報や地方税関係情報、健康保険組合が有する医療保険給付関係情報、年金支給者が有する年金給付関係情報などです。そして、これらの個人情報は、必要に応じて、「情報提供ネットワークシステム」と呼ばれるITシステムを介してやりとりされるのですが、各機関でマイナンバーと紐づけて管理されているため、情報のやりとりを効率的に行うことができる、というわけです。

このように、マイナンバーは、複数の機関で管理されている個人情報を紐づける機能を持ちます。ただし、個人情報が国家によって一元管理されることへの国民の懸念は根強いものがあることから、マイナンバー制度導入後も、個人情報は一元管理されずに各機関で分散管理され、必要に応じて情報のやり取りがされる、という仕組みになっています。

（3）「流通」することが予定されている

以上のように、マイナンバーは、強力な個人識別機能を有するとともに、様々な個人情報との紐づけ機能を有することになります。このため、マイナンバーが漏えいしたり、不正に用いられるなどした場合、個人情報の不正な追跡・突合が行われ、重大な権利侵害を招く恐れがあります。そのような事態を防ぐためには、マイナンバーが他人の目に触れる機会を極力なくすということが一番なのですが、実際には、マイナンバーは様々な書類に記載され、それが複数の機関の間で受け渡されていくということが予定されています。政府は、このようなマイナンバーの特徴を「「民－民－官」の関係で流通させて利用可能な視認性（見える番号）」と表現して

います。

　例えば、従業員は、扶養控除等（異動）申告書に自分と控除対象配偶者及び扶養親族（以下「扶養親族等」といいます）のマイナンバーを記載することが必要になりますが、扶養控除等（異動）申告書は、勤務先である民間事業者に提出され、保管されることになります。そして、民間事業者は、扶養控除等（異動）申告書に記載されている従業員本人や扶養親族等のマイナンバーを源泉徴収票に転記し、税務署に提出することが必要になります。つまり、マイナンバーは、扶養控除等（異動）申告書や源泉徴収票を通じて、従業員から事業者、さらには税務署へと、まさに「流通」しているわけです。

　このように、マイナンバーは、複数の機関を「流通」することが予定されていますので、その分、マイナンバーが本人以外の目に触れる機会は非常に多く、漏えいや不正利用のリスクも高いといえます。

　マイナンバーは、潜在的にトラブル発生のリスクをはらんでいるといっても過言ではないでしょう。

4 マイナンバーの取扱いに対する規制

　3で見てきたように、マイナンバーには、漏えいや不正利用などのリスクがあり、しかも、そのリスクが現実化した場合、重大な権利侵害を招く恐れがあります。そこで、そのような事態を防ぐために、マイナンバーを取り扱う者は、マイナンバーの厳格な取扱いを義務付けられています。

(1) マイナンバーに適用される法令・指針

　マイナンバーにマイナンバー法の適用があることは言うまでもないことですが、2（1）②で述べましたように、マイナンバーは、生存する人のものであれば個人情報に該当することになりますので、個人情報保護法も適用されることになります（同法に関して各省庁が策定したガイドラインも適用されます）。ただし、個人情報保護法のルールは、そのままマイナンバーに適用されるわけではなく、**図表1-3**に示したように、マイナンバー法によって一部修正（厳格化）が施されて適用されることになっていますので、注意が必要です。

　また、マイナンバー法や個人情報保護法に基づく規制に沿って事業者が具体的に行うべきことについて、特定個人情報保護委員会により、「特定個人情報の適正な取扱いに関するガイドライン（事業者編）」（以下「ガイドライン」といいます）が策定されていますので、こちらも遵守する必要があります（このガイドラインの別冊の位置付けとして、「金融業務における特定個人情報の適正な取扱いに関するガイドライン」も策定されています）。なお、このガイドラインに関しては、特定個人情報保護委員会から「「特定個人情報の適正な取扱いに関するガイドライン（事業者編）」及び「（別冊）金融業務

図表1-3　一般的な個人情報とマイナンバーとの規制の違い

		一般的な個人情報	マイナンバー
利用目的の設定		自由に設定可能	マイナンバー法9条で認められた目的の範囲内でのみ設定可能
目的外利用		原則不可だが、本人の事前同意等により可能	本人の事前同意があっても不可（原則）
第三者提供	基本	原則不可だが、例外が比較的広く認められている	マイナンバー法19条で認められた場合のみ可能
	本人の事前同意による提供	可能	不可
	オプトアウト	可能	不可
	委託のための提供	可能	可能

における特定個人情報の適正な取扱いに関するガイドライン」に関するQ&A」（以下「ガイドラインQ&A」といいます）が公表されています。

　これらの規制は、個人番号関係事務実施者としてマイナンバーを取り扱うことになる民間事業者にも適用されるものですが、このような厳格な規制の存在が、今度は規制違反という別のトラブルを発生させる原因ともなっていると言えるでしょう。

（2）場面ごとの規制の概要

　マイナンバーは、一般的に、

---

① 取得・収集（マイナンバーを従業員等から取得・収集する）
② 管理（取得したマイナンバーを管理する）
③ 利用（マイナンバーを書類に記載する）
④ 提供（マイナンバーが記載された書類を行政機関等に提供する）
⑤ 廃棄（マイナンバーが記載された書類等を廃棄する）

というサイクルがあり、それぞれの場面で規制があります。そこで、事業者がマイナンバーを取り扱う場合、どのような規制が課されるのか、場面ごとに概観することとします。また、各場面で取扱事務の委託があり得ますが、委託についても、⑥で説明することにします。

········① **取得**
　ア　取得できる場面についての制限
　　取得の場面でまず重要なのは、マイナンバーを取得してよい場面がマイナンバー法によって厳格に制限されているという点です。
　　事業者などの個人番号関係事務実施者は、個人番号関係事務の処理のために必要であれば、本人又は他の個人番号利用事務等実施者に対し、マイナンバーの提供を求めることができるとされています（マイナンバー法14）。他方で、マイナンバー法19条各号のいずれかに該当する場合を除いて、他人にマイナンバーの提供を求めたり、他人のマイナンバーを取得したりしてはならないとされています（マイナンバー法15及び20）。民間事業者の場合、マイナンバーを取得できるのは、基本的には、個人番号関係事務の処理のために必要な場合に限られます。
　　同様に、誰のマイナンバーを取得できるかについても、個人番号関係事務との関係、具体的には、行政機関等に提出する書類に誰のマイナンバーを記載するのかによって決まってくることになります。その具体例を挙げたのが**図表1-4**です。例えば、源泉徴収票であれば、従業員や扶養親族等のマイナンバーが記載されますので、従業員や扶養親族等のマイナンバーを取得することになります。

　イ　本人確認
　　もう1つ重要なのは、本人や代理人からマイナンバーを取得するに

第1章　マイナンバーの基礎知識

図表1-4　マイナンバーの取得対象者の例

個人番号関係事務	取得対象者
源泉徴収票作成事務	従業員、扶養親族等（控除対象配偶者及び扶養親族）
配当、剰余金の分配及び基金利息の支払調書作成事務	株主、出資者等
不動産の使用料等の支払調書作成事務	不動産の貸主等
報酬、料金、契約及び賞金の支払調書作成事務	外部専門家等
生命保険契約等の一時金の支払調書作成事務（保険会社のみ）	保険契約者、保険金等受取人
特定口座年間取引報告書作成事務（証券会社のみ）	特定口座開設者

あたっては、本人確認が必要となるという点です（マイナンバー法16、同施行令12②）。

a．本人確認が求められる理由

　マイナンバー制度と同様の共通番号制度で先行していたアメリカや韓国では、他人の番号を不正に取得した者による成りすましの被害が多発していました。そこで、日本では、マイナンバーを取得する都度、本人確認を義務付けることとしたのです。

b．番号確認と身元（実在）確認

　一言で本人確認といっても、番号確認と、身元（実在）確認の2つが必要になります。両者の関係を図に表すと、**図表1-5**のようになります。番号確認は、提供を受けたマイナンバーが、提供者本人のマイナンバーとして間違っていないかの確認です。他方、身元（実在）確認は、マイナンバーの提供者が、そのマイナンバーの正しい持ち主であることの確認です。

　個人番号カードであれば、表面に顔写真、裏面にマイナンバーが

図表1-5 番号確認と身元（実在）確認

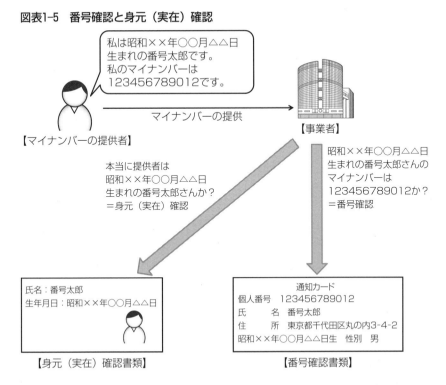

記載されますので、1枚で番号確認と身元（実在）確認を済ませることができます。個人番号カードがない場合、番号確認は通知カードやマイナンバー入りの住民票で行い、身元（実在）確認は、免許証やパスポートなどの顔写真入りの身分証明書で行うのが原則となります。

c．本人確認の要否

なお、本人確認は、本人や代理人からマイナンバーを取得するときに必要になるものであり（マイナンバー法16、同施行令12②）、他の個人番号利用事務等実施者から取得するときには必要ありません。

例えば、事業者は、従業員から提出される扶養控除等（異動）申告書を通じて、従業員本人のほか、扶養親族等のマイナンバーを取

図表1-6　扶養控除等（異動）申告書における本人確認
〈従業員のマイナンバー〉

事業者は、従業員のマイナンバーを従業員本人から取得することになるため、従業員の本人確認を行う必要がある。

〈扶養親族等のマイナンバー〉

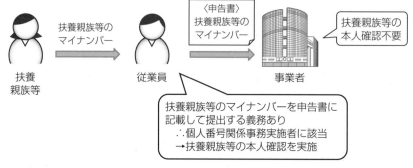

- 扶養親族等のマイナンバーを扶養控除等（異動）申告書に記載して事業者に提出する義務を負っているのは従業員。
∴従業員は個人番号関係事務実施者に該当し、扶養親族等の本人確認を行う必要がある。
- 事業者は、扶養親族等のマイナンバーを個人番号関係事務実施者である従業員から取得することになるため、扶養親族等の本人確認を行う義務を負わない。

得することになります。このとき、従業員のマイナンバーについては、事業者が従業員本人から取得することになりますので、事業者に本人確認義務があります。

これに対し、扶養親族等のマイナンバーについては、所得税法上、従業員が扶養親族等から取得した上、扶養控除等（異動）申告書に記載して事業者に提出することとされています。このため、従業員は個人番号関係事務実施者となり、扶養親族等の本人確認を実施する義務も負います。他方、事業者は、個人番号関係事務実施者

4 マイナンバーの取扱いに対する規制

図表1-7　事業者による本人確認が必要な場合・不要な場合

	本人確認が必要な場合（例）	本人確認が不要な場合（例）
扶養控除等（異動）申告書	事業者が扶養控除等（異動）申告書によって従業員本人のマイナンバーを取得する場合	事業者が扶養控除等（異動）申告書によって扶養親族等のマイナンバーを取得する場合
	※事業者は従業員本人の本人確認を行う必要があるが、扶養親族等の本人確認を行う必要はない（従業員が行う）	
健康保険被扶養者（異動）届	事業者が健康保険被扶養者（異動）届によって従業員本人のマイナンバーを取得する場合	事業者が健康保険被扶養者（異動）届によって被扶養者のマイナンバーを取得する場合
	※事業者は従業員本人の本人確認を行う必要があるが、被扶養者の本人確認を行う必要はない（従業員が行う）	
国民年金第3号被保険者関係届	事業者が国民年金第3号被保険者関係届によって従業員本人及び配偶者のマイナンバーを取得する場合 ※事業者は、配偶者のマイナンバーを代理人である従業員（配偶者のマイナンバーについて提供義務を負っていないため、個人番号関係事務実施者には該当しない）から取得することになるので、従業員だけでなく、配偶者についても本人確認が必要	
財形住宅・年金貯蓄関係の申告書	事業者が財形住宅・年金貯蓄関係の申告書を受領することによって従業員のマイナンバーを取得する場合	金融機関が（従業員の勤務先である）事業者から財形住宅・年金貯蓄関係の申告書を受領することによって当該事業者の従業員のマイナンバーを取得する場合 ※金融機関は個人番号関係事務実施者である事業者から従業員のマイナンバーを取得することになるので、従業員の本人確認を行う必要はない
株主のマイナンバー	証券会社が、自社に口座を開設し、上場企業の株式を保有している株主本人から株主のマイナンバーを取得する場合	上場企業（株主名簿管理人）が証券保管振替機構から株主のマイナンバーを取得する場合

である従業員から扶養親族等のマイナンバーを取得する形となりますので、扶養親族等の本人確認を行う必要はありません（**図表1-6**）。

具体的に、どのような場合に事業者による本人確認が必要となり、どのような場合に不要となるのかについて、具体例を**図表1-7**にまとめましたので、ご参照ください。

ウ　利用目的の特定及び通知等

以上に加え、個人情報取扱事業者（個人情報保護法2③）については、個人情報保護法15条1項により、マイナンバーの利用目的を特定することが求められます。特定の程度としては、本人が自らの個人番号がどのような目的で利用されるのかを一般的かつ合理的に予想できる程度に具体的に特定する必要があります（ガイドライン第4－1－(1)①Ba（14頁））。なお、後で説明しますように、マイナンバーを利用できる事務の具体的内容は、マイナンバー法9条で限定されていますので、利用目的も、その範囲内で特定する必要があります。

また、特定した利用目的は、マイナンバーを取得する前か、取得した後速やかに、本人に通知又は公表する必要があります。ただし、本人のマイナンバーが記載された書面（電磁的方法を含みます）を直接本人から受領することによってマイナンバーを取得する場合は、取得前に利用目的を本人に「明示」する必要があるとされていますので、注意が必要です（個人情報保護法18①②。なお、通知等は、1回行えば、その後利用目的が変更されない限り、2回目以降の取得時に改めて行う必要はありません）。

なお、利用目的の特定及び通知等は、個人情報保護法に基づいて求められるものですので、個人情報取扱事業者に該当しない事業者は、これらを行う法的な義務はありません。ただ、そのような事業者についても、マイナンバーを「個人番号関係事務又は個人番号利用事

務を処理するために必要な範囲内」で利用しなければならない義務がありますので（マイナンバー法32）、事実上、利用目的の特定を行う必要があるとされています（ガイドラインQ&A1-9）。

……② **管理**

従業員等から取得したマイナンバーや、マイナンバーが記載された書類の管理に当たっては、これらが漏えい、滅失、毀損等したりしないよう、安全管理措置を講じることが必要になります（マイナンバー法12）。

事業者が求められる安全管理措置の具体的内容については、ガイドラインに詳しく定められています。詳細は**第4章**で解説しますが、その概要は**図表1-8**のとおりです。

なお、中小規模事業者（その定義については、ガイドライン別添の特定個人情報に関する安全管理措置（事業者編）（以下「ガイドライン別添安全管理措置」といいます）2（50頁））については、取り扱うマイナンバーの数量が少ないこと等を考慮し、ガイドライン上、特例的な対応方法が認められています。

……③ **利用**

マイナンバーを利用できる事務の具体的内容はマイナンバー法9条に限定列挙されており、それ以外の目的でマイナンバーを利用することはできません。個人番号関係事務実施者である事業者の場合、個人番号関係事務の処理に必要な限度でしかマイナンバーを利用できないのが原則となります。同様に、特定個人情報ファイルも、個人番号関係事務の処理に必要な限度でしか作成できません（マイナンバー法28）。

また、先ほど、①**ウ**において、マイナンバーの利用目的を特定し、それを本人に通知等する必要があると説明しましたが、利用目的は、マイナンバー法9条で許された利用範囲の中で設定する必要があります。そして、その範囲の中で特定し、本人に通知等した利用目的を超えてマイナンバー

図表1-8　安全管理措置の概要

安全管理措置	内容の概要
基本方針の策定	マイナンバーの適正な取扱いの確保について組織として取り組むため、関係法令・ガイドライン等を遵守することなどの基本的な事項を定める。 ※ガイドライン上、「重要である」とされているものの、義務とはされていない。
取扱規程等の策定	マイナンバーを取り扱う事務の範囲や、その事務で取り扱うマイナンバーの範囲、事務取扱担当者を明確にした上で事務の流れを整理し、マイナンバーの具体的な取扱いを定める。
組織的安全管理措置	① 組織体制の整備（責任者の設置等） ② 取扱規程等に基づく運用（運用状況を確認するためのシステムログ等の記録等） ③ 取扱状況を確認する手段の整備（特定個人情報ファイルの種類・名称の記録等） ④ 情報漏えい等事案に対応する体制の整備 ⑤ 取扱状況の把握（定期的な監査等） ⑥ 安全管理措置の見直し
人的安全管理措置	事務取扱担当者の監督及び教育
物理的安全管理措置	① 管理区域（マイナンバーを取り扱う情報システムを管理する区域）及び取扱区域（マイナンバーを取り扱う事務を実施する区域）の明確化並びにこれらの区域における物理的安全管理措置（管理区域における入退室管理等） ② マイナンバーを取り扱う機器や電子媒体等の盗難等を防止するための措置（施錠できるキャビネットへの保管等） ③ マイナンバーが記録された電子媒体等を持ち出す際の漏えい等を防止するための措置（持出しデータの暗号化等） ④ 不要になり、法定保存期間が経過したマイナンバーの削除等
技術的安全管理措置	① マイナンバーを取り扱う情報システムにおける以下の措置 　・適切なアクセス制御 　・アクセス者の識別と認証 　・外部からの不正アクセス等の防止措置 ② マイナンバーをインターネット等により外部に送信する場合における通信経路からの情報漏えい等を防止するための措置（通信経路の暗号化等）

図表1-9　マイナンバーを利用できる範囲

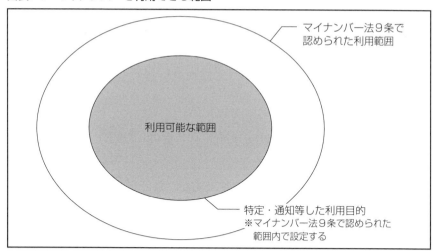

を利用するということは許されません（**図表1-9**）。なお、個人情報保護法においては、本人の同意があれば、利用目的を超えた利用が許されていましたが、マイナンバー法はこのルールを修正しており、本人の同意があっても、利用目的を超えてマイナンバーを利用することは許されません（マイナンバー法29③による読替え後の個人情報保護法16①）。

.... ④ **提供**

　マイナンバーは、マイナンバー法19条で提供してよいとされている場合を除いては、提供することはできません。それは、マイナンバーの持ち主である本人が提供する場合も同じですし、本人に対して提供する場合も同じです。マイナンバー法19条に該当しなければ、マイナンバーを提供することはできません。

　個人番号関係事務実施者としてマイナンバーを取り扱う事業者の場合、提供可能なのは、特定個人情報保護委員会からの提供要求に基づく場合や（マイナンバー法19十一）や公益上の必要がある場合（同条十二）を除けば、以

下の5つの場合のみです。

ア　個人番号関係事務の処理に必要な限度での提供（同条二）
　　マイナンバーが記載された源泉徴収票を税務署に提出するなどの場合が該当します。

イ　マイナンバーの取扱事務の委託に伴う提供（同条五）
　　マイナンバーの取扱事務を税理士等の第三者に委託することはマイナンバー法でも認められておりますが、委託事務を処理してもらうためにマイナンバーを委託先に提供するということは許されます。

ウ　合併等の事業の承継に伴う提供（同条五）
　　合併や会社分割等によって事業の承継が行われる場合、事業を承継させる側の法人（合併の場合であれば消滅法人）は、承継する側の法人（存続法人）に対し、保有している従業員等のマイナンバーを提供することができます。

エ　証券会社等による株式等振替制度を利用した提供（同条十）
　　口座管理機関（証券会社等）や振替機関（証券保管振替機構）は、株主から取得したマイナンバーを、株式等の発行会社や他の口座管理機関、振替機関に提供することができます。ただし、マイナンバーの安全を確保するための必要な措置が講じられていることが必要です。

オ　生命・身体・財産の保護のための提供（同条十三）
　　人の生命、身体又は財産の保護のために必要がある場合において、本人の同意があるか、または本人の同意を得ることが困難であるときは、マイナンバーを提供することができます。

········⑤ **廃棄**

　マイナンバーは、個人番号関係事務等のマイナンバー法に明記された事務を処理するために収集・保管するものですので、そうした事務が終了し、マイナンバーを保管する必要がなくなったときは、速やかに廃棄しなければなりません（マイナンバー法20）。ただし、マイナンバーが記載された書面の中には、所管法令で保存期間が定められているものがありますので（例えば、扶養控除等（異動）申告書は7年間）、その間は保管し、保存期間経過後に、速やかに廃棄するということになります。

········⑥ **委託**

　以上が場面ごとの規制の概要ですが、先ほど述べましたように、マイナンバーの取扱事務を第三者に委託することは可能です。取扱事務の委託は、取得から廃棄に至るまでの各場面であり得るところですが、委託するにあたっては、委託先に対する監督義務が委託者に生じることに留意する必要があります（マイナンバー法11）。

　また、委託先が委託事務を再委託する場合には、最初の委託者の許諾を得る必要があるとされており、再委託が数次にわたる場合（つまり、再々委託、再々々委託…の場合）も同様です（マイナンバー法10）。なお、再委託が行われた場合、最初の委託者は、委託先が再委託先に対して必要かつ適切な監督を行っているかどうかについて監督する必要があります。委託の場面における監督の詳細については**第4章**で説明します。

（3）マイナンバー法違反へのサンクション

　以上のとおり、マイナンバーの取扱いには厳格な規制が課されているのですが、これに違反した場合、行政処分や刑事罰、損害賠償請求を受ける恐れがあるほか、レピュテーションの低下等にも見舞われる恐れがあります。詳しくは、**第3章の4**をご参照ください。

第2章 マイナンバーを巡る日常的なトラブル

第2章　マイナンバーを巡る日常的なトラブル

　第1章の**4**で説明したとおり、マイナンバーの取扱いには厳格な規制が課されています。このため、個人番号関係事務実施者としてマイナンバーを取り扱うこととなる事業者の皆さんは、マイナンバーの取扱いを巡り、日常的に色んなトラブル（あるいは、ちょっとした困りごと）に遭遇することでしょう。

　そこで、本章では、そうした日常的なトラブルについて、マイナンバーを取り扱う場面ごとにQ&A方式で解説します。

★Q1-1★ 支払調書の提出の要否が明らかでない場合のマイナンバーの取得の可否

Q 当社は、弁護士にある事件の処理を依頼することになり、委任契約を締結する予定です。報酬はタイムチャージ形式のため決まっていないのですが、5万円を超え、支払調書が必要となる可能性があります。このように、契約締結時には報酬が確定しておらず、支払調書の提出の要否が明らかではない場合、契約締結時にマイナンバーを取得することは可能でしょうか？

A 明らかに支払調書の作成が不要という場合でなければ、契約の締結時点でマイナンバーを取得しても構いません。

【解説】

支払調書の多くは、支払金額が一定の額を超える場合に提出義務があるとされており、これを下回る場合、提出義務はありません。例えば、「報酬、料金、契約金及び賞金の支払調書」であれば、**図表2-1**のようになっていますし、「不動産の使用料等の支払調書」であれば、不動産の賃料等の支払金額が年間15万円を超える場合に提出義務があります。また、「生命保険契約等の一時金の支払調書」であれば、100万円を超える一時金を1回に支払う場合に提出義務があります。

このように、支払調書の要否は、支払金額によって変わってくるのです

第2章　マイナンバーを巡る日常的なトラブル

図表2-1　「報酬、料金、契約金及び賞金の支払調書」が必要な場合

(1)　外交員、集金人、電力量計の検針人及びプロボクサー等の報酬、料金、バー、キャバレー等のホステス等の報酬、料金、広告宣伝のための賞金については、同一人に対するその年中の支払金額の合計額が50万円を超えるもの
(2)　馬主に支払う競馬の賞金については、その年中の1回の支払賞金額が75万円を超えるものの支払いを受けた者に係るその年中の全ての支払金額
(3)　プロ野球の選手などに支払う報酬、契約金については、その年中の同一人に対する支払金額の合計額が5万円を超えるもの
(4)　弁護士や税理士等に対する報酬、作家や画家に対する原稿料や画料、講演料等については、同一人に対するその年中の支払金額の合計額が5万円を超えるもの
(5)　社会保険診療報酬支払基金が支払う診療報酬については、同一人に対するその年中の支払金額の合計額が50万円を超えるもの

(出所）国税庁ホームページ「タックスアンサー・No.7431『報酬、料金、契約金及び賞金の支払調書』の提出範囲と提出枚数」。

　が、タイムチャージ形式での弁護士との委任契約や、保険契約のように、締結時点では支払金額がいくらになるか分からないという契約もあります。その場合、契約締結時点で、支払調書作成の目的でマイナンバーを取得してもよいのでしょうか？

　この点につき、ガイドライン第4-3-(1)②（24頁）は、「本人との法律関係等に基づき、個人番号関係事務の発生が予想される場合には、契約を締結した時点等の当該事務の発生が予想できた時点で個人番号の提供を求めることが可能であると解される。」としています。他方、「契約内容等から個人番号関係事務が明らかに発生しないと認められる場合には、個人番号の提供を求めてはならない。」ともしています。これをまとめると、支払金額次第では支払調書の提出が義務付けられる契約を締結する場合、支払調書の提出が明らかに不要というケースを除けば、契約締結時にマイナンバーを取得してよいということになると考えられます。質問のケースでも、契約締結時にマイナンバーを取得することは可能ということになるでしょう（ガイドラインQ&A17-1）。

なお、月額賃料が決まっている賃貸借契約などは、契約締結時点で年間の支払金額を計算でき、支払調書の提出の要否も明確に判断することができます。支払調書の提出が不要であることが契約締結時点で明らかなのであれば、マイナンバーを取得することはできません（ガイドラインQ&A4-2）。

* * *

★Q1-2★ マイナンバーの取得後、支払調書の提出義務が発生しないことが明らかとなった場合の対応

> **Q** 支払調書の作成が必要になるかもしれないということで、契約締結時に契約相手方からマイナンバーを取得しました。その後、実際に支払いが発生したのですが、支払額は、支払調書の提出義務が発生する金額を超えませんでした。このような場合、取得したマイナンバーはどのようにすればよいでしょうか？

A 取得したマイナンバーを使って支払調書を提出することもできますが、提出しないことにするのであれば、取得したマイナンバーは速やかに廃棄・削除する必要があります。

【解説】

★Q1-1★で説明したように、支払金額次第では支払調書の提出が義務付けられる契約を締結する場合、支払調書の提出が明らかに不要というケースを除けば、契約締結時にマイナンバーを取得することが可能です。しかし、その後、支払金額が確定し、支払調書の提出義務が発生しないことが明らかとなった場合、どのような対応をすべきなのでしょうか？

この点につき、ガイドラインQ&A17-1は、以下のように回答しています。

> 個人番号関係事務が発生しないことが明らかになった場合には、できるだけ速やかに個人番号を廃棄又は削除する必要があります。

　取得したマイナンバーは速やかに廃棄・削除せよ、ということです。他方、ガイドラインQ&A1-8は、以下のように説明しています。

> 支払金額が所管法令の定める一定の金額に満たず、税務署長に提出することを要しないとされている支払調書についても、提出することまで禁止されておらず、支払調書であることに変わりはないと考えられることから、支払調書作成事務のために個人番号の提供を受けている場合には、それを税務署長に提出する場合であっても利用目的の範囲内として個人番号を利用することができます。

　ガイドラインQ&A17-1とは異なり、取得したマイナンバーは廃棄・削除せずに支払調書の作成に利用してよい、となっています。一見、矛盾するかのようなこの2つのQ&Aですが、整合的に解釈すれば、以下のようになるのではないかと思います。
　まず、支払いが発生している以上、取得したマイナンバーを使って支払調書を作成し、税務署長に提出することは構いません。しかし、支払調書の提出が義務付けられるわけではない以上、支払調書を提出しないという判断ももちろん可能です。むしろ、そのような判断が一般的ではないかと思いますが、仮にそのような判断をするのであれば、その時点で、個人番号関係事務が発生しないことが確定しますので、速やかにマイナンバーを廃棄・削除する必要がある、ということになります。
　なお、支払調書を提出する場合、その控えを一定期間保管することが可能です（ガイドラインQ&A6-4-2は、保管期間は各事業者で判断すべきであるが、税

務における更正決定等の期間制限に鑑みると、最長でも7年が限度としています）。ですので、その期間は、マイナンバーを廃棄・削除せず、保管することが可能となります。

＊　＊　＊

★Q1-3★　誤って不要なマイナンバーを取得した場合の対応

> **Q**　当社は、支払金額にかかわらず支払調書の提出が必要ない契約の相手方から、マイナンバーを取得していました。どのようにしたらよいでしょうか？

A　速やかに廃棄・削除する必要があります。その上で、本人に対し、廃棄・削除した旨を連絡することが望ましいでしょう。

【解説】
　★**Q1-2**★とは異なり、支払金額いかんにかかわらず支払調書の作成が必要ないにもかかわらず、マイナンバーを取得してしまっていた場合の対応です。
　この点については、★**Q1-1**★で説明したように、「契約内容等から個人番号関係事務が明らかに発生しないと認められる場合には、個人番号の提供を求めてはならない。」とされています（ガイドライン第4-3-(1)②（24頁））。これに従えば、支払金額いかんにかかわらず支払調書の提出が必要ない契約類型については、個人番号関係事務が発生しないことは明らかですから、マイナンバーは取得できないことになります。
　それにもかかわらずマイナンバーを取得してしまった場合、何よりもまず、速やかにマイナンバーを廃棄・削除することが求められます。そして、廃棄・削除したことは、適正に取得したマイナンバー同様、記録して

おく必要があります。その上で、本人に対し、誤ってマイナンバーを取得してしまっていたこと、既にマイナンバーは廃棄・削除したことを連絡することが望ましいと考えられます。

なお、廃棄・削除の方法の詳細については、**第4章**の1（4）⑤エで説明していますので、そちらをご覧ください。

* * *

★Q1-4★　書類作成担当者以外の従業員によるマイナンバーの受取りの可否

Q ある専門家に、当社が主催するセミナーの講師をお願いしました。講演料が5万円を超えますので、支払調書の作成が必要になるのですが、その講師と普段やりとりをしているのは、支払調書作成事務に従事しているのとは別の従業員です。面識のない支払調書作成担当者に講師からのマイナンバーの受取りをさせるというのも難しいので、普段やり取りをしている従業員にさせようと思うのですが、問題ないでしょうか？

A マイナンバーを受け取る従業員が手元に講師のマイナンバーを残すことなく、速やかに支払調書作成担当者に受け渡すことになっているのであれば、そのような対応も差し支えありません。

【解説】

質問のようなケースについては、ガイドライン第4-3-(3)A（30頁）に解釈が示されており、「事業者の中で、単に個人番号が記載された書類等を受け取り、支払調書作成事務に従事する者に受け渡す立場の者は、独自に個人番号を保管する必要がないため、個人番号の確認等の必要な事務を行った後はできるだけ速やかにその書類を受け渡すこととし、自分の手元

に個人番号を残してはならない。」とされています。これは裏を返せば、マイナンバーを受け取る従業員が自分の手元にマイナンバーを残すことなく、支払調書作成担当者に速やかに受渡すことを条件に、支払調書作成担当者以外の従業員にマイナンバーの受取りをさせてもよい、ということです。なお、ガイドラインでは、マイナンバーが記載された書類を講師から受け取る際に、書類に不備がないかどうか、マイナンバーを含めて、マイナンバーを取得する従業員が確認してよい、ということになっています。具体的には、本人確認書類が揃っているかどうかについて確認することになるものと思われます。

　ただし、このようにマイナンバーの受取りにのみ従事する従業員を事務取扱担当者と位置付けるかは別として、そのような従業員についても、適切な安全管理措置を講じることが必要です（本章の2の★**Q2-1**★参照）。

＊　＊　＊

★Q1-5★　提供拒否時の対応

Q　行政機関に提出する書類にマイナンバーを記載するため、マイナンバーの提供を求めましたが、拒否されました。どのようにしたらよいでしょうか？

A　書類にマイナンバーを記載することは法律上の義務であることを説明し、提供するよう説得しましょう。それでも提供を拒否するようであれば、書類の提出先の指示に従います。

【解説】

　近年、個人情報の流出事例が相次いでいることから、個人情報保護への関心が高まっています。特にマイナンバーは、**第1章の3**で説明したよう

に、強力な個人識別機能や、様々な個人情報との紐づけ機能を有することから、通常の個人情報以上に、提供への抵抗感は強いと予想されます。このため、マイナンバーの提供を拒否されるというケースもあるかと思われますが、そのような場合、事業者はどうすればよいのでしょうか？

（1）まずは説得する

内閣官房のマイナンバー制度に関するホームページでは、このような場合の対応について、まずはマイナンバーを提供するよう本人を説得すべきとされています（「よくある質問（FAQ）」Q4-2-5）。では、どのように説得すればよいのでしょうか？

社会保障や税分野の書類に個人番号を記載することは、提出者の義務です。例えば、扶養控除等（異動）申告書に従業員のマイナンバーを記載することは、所得税法194条1項7号・同法施行規則73条1項1号（平成26年7月9日財務省令第53号による改正後のもの。以下本Qにおいて同じ）により、従業員の義務とされています。よって、従業員が扶養控除等（異動）申告書にマイナンバーを記載することを拒否したような場合には、「マイナンバーを記載しないと、あなた自身が法令違反になる。」という説得が可能です。ただ、法令違反といっても、違反に対する制裁があるわけではありませんので、従業員がこのような説得に応じるとは限りません。

他方、源泉徴収票に従業員のマイナンバーを記載することは、所得税法226条1項柱書・同法施行規則93条1項1号によって事業者の義務とされています。「報酬、料金、契約金及び賞金の支払調書」に取引先（報酬等の支払を受ける者）のマイナンバーを記載することについても同様です（所得税法225①柱書・同法施行規則84①一）。しかし、そのためにマイナンバーを事業者に提供するという義務が従業員や取引先に課されているわけではありません。このため、「マイナンバーを提供しないと、あなた自身が法令違反になる。」と説得することはできず、「源泉徴収票（支払調書）にマイナ

ンバーを記載できないと当社が法令違反になってしまうので、マイナンバーを提供して欲しい。」という説得にならざるを得ません（注）。

> （注）源泉徴収票の提出義務に関する所得税法226条1項や、支払調書の提出義務に関する同法225条1項については、不提出、あるいは虚偽の内容を記載した書類の提出に対する刑罰が設けられていますが、マイナンバーの不記載について、この罰則が適用されることはないようです（国税庁ホームページ「社会保障・税番号制度〈マイナンバー〉について」における「番号制度概要に関するFAQ」Q2-3-3）。また、マイナンバーが記載されていない書類であっても、税務署がこれを受理しないことはないとされています（同Q2-3-2））。

（2）説得に応じない場合

　従業員や取引先が以上のような事業者の説得に応じない場合、内閣官房のマイナンバー制度に関するホームページでは、書類の提出先の機関の指示に従うべきこととされています（先ほど触れた、「よくある質問（FAQ）」Q4-2-5）。

　国税関係では、「提供を求めた経過等を記録、保存するなどし、単なる義務違反でないことを明確にしておくこと」が求められています。その理由については、経過等の記録がなければ、マイナンバーの提供を受けていないのか、あるいは提供を受けたのに紛失したのかが判別できないということに加え、マイナンバーの保護の観点も挙げられています（前記国税庁ホームページ「法定調書に関するFAQ」Q1-3）。

　他方、社会保障関係については、厚生労働省のホームページに掲載されているマイナンバー制度開始後の書類の新様式（注）に、いくつか指示らしきものが書かれています。例えば、健康保険・厚生年金保険被保険者資格取得届については、基礎年金番号がある場合は「個人番号」欄に基礎年金番号を記入すること、「住所」欄に現住所とマイナンバーを記入できない理由を記載すべきこととされています。

> （注）厚生労働省ホームページ「社会保障分野への社会保障・税番号制度の導入に向けて」。

いずれにせよ、今後、マイナンバーの提供を拒否された場合の対応に関する提出先機関の指示は変更される可能性がありますので、実際にそのような事態に直面した場合に、提出先機関に問い合わせることが必要になるでしょう。また、提出先機関の指示いかんにかかわらず、誰が、いつ、どのような方法でマイナンバーの提供を求めたのか、提供拒否の理由等については、記録にとっておく（書面で提供を求めた場合には、その写しを保管しておく）ことが必要でしょう。

＊　＊　＊

★Q1-6★　本人が自分のマイナンバーを知らない場合の対応

Q　新入社員に対し、扶養控除等（異動）申告書にマイナンバーを記載し、提出するとともに、番号確認書類として個人番号カードか通知カードを提示するよう指示したところ、通知カードは紛失しており、個人番号カードも交付を受けていないので、いずれも提示できない、そもそも自分のマイナンバーが分からないと言っています。どのようにしたらよいでしょうか？

A　通知カードの再交付又は個人番号カードの交付を受けるか、マイナンバーが記載された住民票の写しを取得するよう指示しましょう。

【解説】

通知カードを紛失したときは、住民票登録している市区町村で再交付の申請をすることが可能です（行政手続における特定の個人を識別するための番号の利用等に関する法律の規定による通知カード及び個人番号カード並びに情報提供ネットワークシステムによる特定個人情報の提供等に関する省令（以下「通知カード等省令」といいます）11①一）（注）。

（注）通知カードの再交付申請書には、「氏名、住所並びに個人番号又は生年月日及び性別」を記載することになっています（通知カード等省令11①柱書）。つまり、氏名・住所以外には、マイナンバーか、生年月日・性別を書けばよいということですので、自分のマイナンバーを知らないという場合であっても、生年月日・性別を申請書に記載することで再交付の申請が可能です。

　また、個人番号カードの交付を受ける際には通知カードを返納することになっていますが（行政手続における特定の個人を識別するための番号の利用等に関する法律施行令（以下「マイナンバー法施行令」といいます）13④）、通知カードを紛失して手元にない場合、まず通知カードの再交付を受ける必要があるかというとそういうわけではなく、再交付を経ずに個人番号カードの交付を受けることも可能なようです（注）。

（注）通知カード等省令案に対するパブリックコメント結果の1項。なお、自分のマイナンバーを知らないという場合であっても交付申請できるのは、通知カードの再交付申請と同様です（通知カード等省令21）。

　さらにマイナンバーは住民票に記載されることになっていますので（平成25年5月31日法律第28号による改正後の住民基本台帳法7八の二）、マイナンバーが記載された住民票の写しの交付を受けることによって、自分のマイナンバーを知ることができます。また、マイナンバーが記載された住民票の写しは、番号確認書類として利用することもできます。

　ですので、質問にあるようなケースでは、通知カードの再交付又は個人番号カードの交付を受けるか、マイナンバーが記載された住民票の写しを取得するよう指示するのがよいでしょう。

＊　＊　＊

★Q1-7★ 従業員が扶養親族等のマイナンバーを知らない場合の対応

Q ある従業員が、扶養控除等（異動）申告書で親を扶養親族として申告しながら、親のマイナンバーを記載せずに申告書を提出してきました。事情を聞いたところ、親は扶養親族の要件は満たしているものの、実際には関係が疎遠で、マイナンバーを教えてもらえるような関係にないとのことでした。どうしたらよいでしょうか？

A 扶養親族が従業員と同一世帯に属しているのであれば、従業員に対し、マイナンバーが記載された住民票の写しを取得するよう指示します。そうでなければ、扶養親族のマイナンバーを知る方法はないと思われますので、書類の提出先機関の指示に従いましょう。

【解説】

　扶養控除等（異動）申告書など、従業員が事業者に提出する書類の中には、従業員以外の親族のマイナンバーを記載しなければならないものがあります。しかし、実際には、その親族と疎遠である等の理由により、従業員がその親族のマイナンバーを取得できず、書類に記載することができないということがあるかもしれません。そのような場合、どのようにするべきでしょうか？

　★Q1-6★で説明したように、マイナンバーは住民票に記載されることになっています。そして、住民票の写しは、自分のものだけでなく、同一世帯に属している人のものについても取得することが可能です。よって、マイナンバーを取得する必要のある親族が従業員と同一世帯に属しているのであれば、その親族の住民票（マイナンバーが記載されたもの）を取得するよう指示することになります（「他人」のマイナンバーの収集を禁止するマイナンバー法20条は、同一世帯に属する者を「他人」から除外していますので（マイナン

バー法15）、住民票の取得を通じて同一世帯に属する親族のマイナンバーを収集することはマイナンバー法違反とはなりません）。

　これに対し、親族が同一世帯に属していない場合、マイナンバーが記載された住民票の写しを取得することは困難と考えられます。その親族から委任状を取得できるのであれば、代理人として住民票の写しを取得することは可能ですが、マイナンバーを教えてもらえないほど関係が疎遠であるというような場合には、委任状を取得することも困難でしょう。また、委任状を取得できない場合であっても、純粋な第三者として住民票の写しを取得することが可能ですが、取得には一定の要件がある上、そもそも第三者が取得できる住民票の写しにはマイナンバーが記載されないことになっていますので、住民票の写しを取得したところでマイナンバーを知ることはできません（注）。そうすると、親族が同一世帯に属していないような場合には、従業員が親族のマイナンバーを知る方法はなく、事業者もマイナンバーを取得できない、ということになりそうです。よって、事業者としては、★**Q1–5**★で説明したように、書類の提出先（扶養控除等（異動）申告書にマイナンバーの記載がない場合、源泉徴収票の提出先である税務署）の指示に従うことになります。

（注）★**Q1–6**★で説明したように、平成25年5月31日法律第28号による改正後の住民基本台帳法7条8号の2により、住民票にはマイナンバーが記載されることになっていますが、同改正後の12条の3では、第三者が取得できる住民票の写しに表示される事項として、マイナンバーは除外されているため（同1項の基礎証明事項にマイナンバーは含まれていませんし、同7項で取得できる事項からは、マイナンバーは除外されています）、マイナンバーが記載された住民票を第三者が取得することはできないものと考えられます。

＊　＊　＊

第2章　マイナンバーを巡る日常的なトラブル

★Q1-8★　取得対象者が死亡していた場合の対応

Q　マイナンバーの取得対象者が、マイナンバーの取得前に死亡してしまいました。このような場合、どのようにすればよいのでしょうか？

A　本人のマイナンバーを知っている者から適宜取得すれば足ります。その際、本人確認に準じた措置をとることが望ましいと考えられます。

【解説】
　マイナンバーの記載が必要な書類については、本人が死亡している場合であっても、基本的にはマイナンバーの記載は免除されないと考えられます。では、マイナンバーを取得する前に本人が死亡してしまったという場合、どのようにマイナンバーを取得すればよいのでしょうか。

（1）「適宜の方法で提供を求めてよい」というのがガイドラインの見解

　このような場合の対応について、ガイドラインQ&A17-5は、「死者のマイナンバーについてはマイナンバー法上の提供制限は及ばないため、死者のマイナンバーを知っている者に適宜提供を求めればよい」としています。これは、提供制限に関するマイナンバー法19条が「何人も、次の各号のいずれかに該当する場合を除き、特定個人情報の提供をしてはならない。」と定め、収集・保管の制限に関する20条も「何人も、前条各号のいずれかに該当する場合を除き、特定個人情報（他人の個人番号を含むものに限る。）を収集し、又は保管してはならない。」と定めるなど、提供や収集に関する条文が「特定個人情報」を規制対象にしていることを踏まえたものであると考えられます。すなわち、**第1章の2（1）②**で説明しましたように、死者の個人番号は「特定個人情報」に含まれませんので、マイナンバー法19条の提供制限も20条の収集・保管制限もかかってこない、提

供する側も任意の方法で提供してよいし、収集・保管する側も同様、というわけです。具体的には、遺族や勤務先など、本人のマイナンバーを知る第三者からマイナンバーを取得することになると考えられます。

　しかしながら、マイナンバー法15条は、「何人も、第十九条各号のいずれかに該当して特定個人情報の提供を受けることができる場合を除き、他人（自己と同一の世帯に属する者以外の者をいう。第二十条において同じ。）に対し、個人番号の提供を求めてはならない。」と定めています。そして、「個人番号」には死者の個人番号も含まれますので、そもそも遺族や勤務先などにマイナンバーの提供を求めること自体が15条違反となるようにも思われます。本人又は代理人による提供に関する19条3号に該当すると考えられないか、と思われるかもしれませんが、本人が死亡している以上、本人からの提供には当たりません。また、死者には代理人という存在を観念できませんので（民法653一）、代理人からの提供にも当たりません。この点について内閣官房のマイナンバー制度のコールセンターに問い合わせてみたところ、「特定個人情報に該当しないからマイナンバー法15条に違反しない。」とのことでしたが、このような説明内容がマイナンバー法の条文と整合性が取れているかについては大いに疑問が残るところです。

　ともあれ、ガイドラインQ&Aで「死者のマイナンバーを知っている者に適宜提供を求めればよい」とされている以上、このQ&Aが維持されている限りは、遺族や勤務先など、死者本人のマイナンバーを知る第三者にマイナンバーの提供を求め、これを取得することが違法とされる危険性は極めて低いでしょう。

（2）本人確認の要否

　取得はそれでよいとして、本人確認はどうなのでしょうか？
　本人確認義務に関するマイナンバー法16条及び同法施行令12条は、本人

又は代理人からマイナンバーの提供を受けるときに本人確認が必要と定めています。そして、先述のように、本人が死亡している以上、本人からの提供はもちろん、代理人からの提供にも該当しませんので、遺族や勤務先などの第三者からマイナンバーを取得する場合、本人確認義務はない、と考えるのが条文の文言に忠実な解釈ではないかと思われます。実務的な側面で考えてみても、勤務先はもちろん、遺族であっても、死亡した本人の本人確認書類を持っているとは限りませんので、死亡後のマイナンバーの取得についても本人確認を必要とするのは、現実的な解釈ではないと思われます（この点については、Q&A 等の形で、特定個人情報保護委員会の解釈が明確に示されることを期待したいところです（注））。

（注）行政手続における特定の個人を識別するための番号の利用等に関する法律施行規則（以下「マイナンバー法施行規則」といいます）に対するパブリックコメント結果の51項では、他の個人番号関係事務実施者から死者のマイナンバーを取得する場合には本人確認は不要と考えられる、との考え方が示されています。これは裏を返せば、個人番号関係事務実施者以外から死者のマイナンバーを取得する場合には本人確認が必要、ということのようにも思えますが、そこまで含意したものなのかどうかははっきりしません。

しかしながら、成りすまし等を防止しなければならないという本人確認の趣旨は、死者のマイナンバーを取得する場合も同様に妥当すると考えられます。よって、事業者としては、可能な範囲で本人確認書類を確認する、という対応が望ましいと考えられます。

＊　＊　＊

★Q1-9★ 番号確認書類と身元(実在)確認書類の住所が相違している場合の対応

Q 通知カードで番号確認を、運転免許証で身元(実在)確認を、それぞれ行いました。運転免許証の写真は、マイナンバーの提供者本人に間違いなさそうなのですが、通知カード記載の住所と運転免許証記載の住所が異なっていました。このような場合、本人確認はどのようにすればよいのでしょうか?

A 通知カードと運転免許証とで、氏名と生年月日が合致していれば、本人確認できたものと取り扱って差し支えないものと考えられます。

【解説】

　通知カードには住民票上の住所が記載されますが、転居の際に、住民票の異動手続は行ったものの、運転免許証の住所変更の手続を失念していたような場合には、質問のケースのように、通知カード記載の住所と運転免許証記載の住所とが異なる事態が生じることになります。

　このような場合の本人確認について、マイナンバー法に明確な定めはないのですが、マイナンバー法施行規則1条1項2号が「官公署から発行され、又は発給された書類その他これに類する書類であって、通知カードに記載された氏名及び出生の年月日又は住所(以下「個人識別事項」という。)が記載され、かつ、写真の表示その他の当該書類に施された措置によって、当該書類の提示を行う者が当該個人識別事項により識別される特定の個人と同一の者であることを確認することができるものとして個人番号利用事務実施者が適当と認めるもの」を運転免許証やパスポート等に代わる身元(実在)確認書類として認めていることがヒントになります(具体的には、写真付きの社員証や学生証などが該当します)。これらの書類について

は、身元（実在）確認書類として認められるための要件として、通知カードに記載されたのと同じ氏名が記載されていることが必要とされているものの、それ以外には、通知カードに記載されたのと同じ住所か生年月日のいずれかが記載されていればよい、とされているのです。これはすなわち、これらの書類を身元（実在）確認書類として本人確認を行う場合、氏名・住所・生年月日の全てが通知カードと一致していることの確認までは不要であり、①氏名と、②生年月日か住所（これをマイナンバー法施行規則は「個人識別事項」と定義しています）が通知カードと一致しているか確認すれば足りる、ということであると理解できます。

　これとパラレルに考えれば、運転免許証についても、個人識別事項、すなわち、①氏名と、②住所か生年月日が通知カードと一致していることを確認できればよい、ということになるはずです。よって、住所変更の手続を忘れていたため、運転免許証記載の住所が通知カード記載の住所と異なっている場合であっても、マイナンバーの提供者と運転免許証記載の人物が同一人物であること、そして、運転免許証と通知カードとで、氏名と生年月日が一致していることを確認できれば、本人確認はできたものと取り扱って差し支えない（マイナンバーの提供者に対して、運転免許証の住所変更手続まで求める必要はない）ものと考えられます（もちろん、成りすまし等が疑われる何らかの事情がある場合はこの限りではありません）。

＊　＊　＊

★Q1-10★ 身元（実在）確認の省力化の可否

Q 身元（実在）確認は、マイナンバーを取得するつど、必要とのことですが、当社には多数の従業員がいるため、毎回毎回、運転免許証などで身元（実在）確認することは事実上不可能です。どうしたらよいでしょうか？

A 身元（実在）確認書類での確認を省略できる場合があります。

【解説】
（1）本人確認はマイナンバーを取得するつど必要

マイナンバー取得時の本人確認義務を定めるマイナンバー法16条は、本人からマイナンバーの「提供を受けるとき」に本人確認を行うよう求めています。「最初に提供を受けるとき」とはなっていませんので、初回取得時に限らず、取得のつど、行う必要があります。

例えば、事業者は毎年、従業員から扶養控除等（異動）申告書の提出を受けますが、この申告書にも、マイナンバーが記載されます。つまり、事業者は毎年、従業員からマイナンバーが記載された申告書の提出を受けることになるのですが、これも、マイナンバーの「提供を受けるとき」に該当し、本人確認が必要になります。よって、事業者は、少なくとも年に1回は、従業員の本人確認が必要ということになります。これは、特に多数の従業員を抱える事業者にとっては大きな負担です。そこで、簡易な本人確認方法が認められています。

本Qでは、まず、身元（実在）確認について認められている簡易な方法を説明します。

（2）身元（実在）確認書類が不要な場合がある

マイナンバーの提供を行う者と雇用関係にあること等の事情を勘案し、

人違いでないことが明らかと個人番号利用事務実施者が認めるときは、身元（実在）確認書類は要しないとされています（マイナンバー法施行規則3⑤）。

どのような場合が「人違いでないことが明らかと個人番号利用事務実施者が認めるとき」に該当するかについて、まだ社会保障分野では考え方が示されていませんが、国税分野では、国税庁から「行政手続における特定の個人を識別するための番号の利用等に関する法律施行規則に基づく国税関係手続に係る個人番号利用事務実施者が適当と認める書類等を定める件」という告示（以下「国税庁告示」といいます）が出され、その中で以下の3つの場合が該当するとされています（国税庁告示8）。

① 雇用契約成立時等に本人であることの確認を行っている雇用関係その他これに準ずる関係にある者であって、知覚すること等により、マイナンバーの提供を行う者が本人（＝マイナンバーの持ち主）であることが明らかな場合
② 控除対象配偶者又は扶養親族その他の親族であって、知覚すること等により、マイナンバーの提供を行う者が本人であることが明らかな場合
③ 過去に本人であることの確認を行っている同一の者から継続してマイナンバーの提供を受ける場合で、知覚すること等により、マイナンバーの提供を行う者が本人であることが明らかな場合

例えば、従業員について言えば、採用時などにきちんと本人確認を行っている事業者であれば（注）、①により、マイナンバーの初回取得時から身元（実在）確認書類は不要ということになります。また、そうでない事業者についても、初回取得時に身元（実在）確認書類での確認を行えば、①あるいは③により、2回目以降の取得時には、身元（実在）確認書類は不要となります。

（注）採用時などの本人確認は、マイナンバー法や税法で定めるもの、国税庁告示で定める

ものと同程度の本人確認書類（運転免許証や写真付き学生証等）による確認を行う必要があります（国税庁「国税分野における番号法に基づく本人確認方法【事業者向け】」19頁、35頁）。

（3）知覚等によって人違いでないことの確認は必要

　ただし、注意しなければならないのは、上記①ないし③の場合には、身元（実在）確認書類が不要とされているだけであって、身元（実在）確認そのものまで不要とされているわけではないという点です。実際、上記①から③のいずれについても、「知覚すること等により、マイナンバーの提供を行う者が本人であることが明らかな場合」となっており、対面で（＝直接顔を見合わせて）、間違いなく本人（＝マイナンバーの持ち主）であることの確認を行うことが前提となっています。例えば、扶養控除等（異動）申告書を支店従業員が支店長を通じて本社に提出する、というケースを考えてみると、支店長が支店従業員から申告書を受け取る際に、支店従業員と対面して、人違いではない（支店従業員本人である）ことの確認はする必要がある、ということになります。

（4）確認書類によらず身元（実在）確認した場合の番号確認について

　なお、上記の条件が満たされて、身元（実在）確認書類による身元（実在）確認が不要である場合、番号確認はどのように行えばよいのでしょうか？

　通常、採用時の本人確認の際に、本人確認書類で確認した個人識別事項（すなわち、①氏名と、②生年月日か住所。★**Q1-9**★参照。）を記録していると思いますが、マイナンバーの取得時には、事業者が記録している個人識別事項と、番号確認書類に記載された個人識別事項が一致しているかどうかを確認することも必要になると考えられます。この点を確認しないと、マイナンバーの提供者と番号確認書類を結びつけるものが氏名だけになってしまい、成りすましを許す恐れが高くなってしまうように思われるからです

第2章 マイナンバーを巡る日常的なトラブル

(つまり、理論的には、同姓同名の人物の番号確認書類を入手できれば成りすましができてしまう、ということです)。次の★**Q1-11**★で述べる特定個人情報ファイルでの番号確認の際に個人識別事項の一致の確認が求められていることも考えると、やはり、このように考えざるを得ないのではないかと思われます。

* * *

★Q1-11★ 番号確認の省力化の可否

Q 番号確認は、マイナンバーを取得するつど、必要とのことですが、当社には多数の従業員がいるため、毎回毎回、通知カードなどで番号確認することは事実上不可能です。どうしたらよいでしょうか?

A 特定個人情報ファイルでの番号確認が認められる可能性があります。

【解説】

★Q1-10★で説明したとおり、本人確認は、初回取得時に限らず、マイナンバーを取得するつど行う必要がありますが、番号確認については、以下のような簡易な確認方法が認められています(マイナンバー法施行規則3①三)。

〈要件〉
・原則的な番号確認書類での番号確認が困難であると認められる場合であること
・過去に本人確認の上、特定個人情報ファイル(つまりマイナンバーのデータベース)を作成している場合であること
〈認められる番号確認方法〉
提供を受けるマイナンバー及び個人識別事項(①氏名と、②生年月日か住

> 所。★**Q1–9**★参照）が、特定個人情報ファイルに登録されているマイナンバー及び個人識別事項と一致していることを確認すればよい。

　つまり、原則的な番号確認書類での番号確認が困難であると認められる場合であること、という条件付きではありますが、初回取得時に本人確認を行った上でマイナンバーのデータベースを作っておけば、2回目以降の取得時には、そのデータベースで番号確認が可能ということです。例えば、扶養控除等（異動）申告書であれば、申告書に記載されているマイナンバーと個人識別事項が、データベースに登録されているものと一致することだけ確認すれば足りる、ということになります。

　なお、具体的にどのような場合が「原則的な番号確認書類での番号確認が困難であると認められる場合」に該当するのかについては、各事業者の判断に委ねられています（注）。マイナンバーを取得するつど、通知カード等を従業員に持参させて番号確認を行うのは負担が重すぎ、通常業務への支障が大きいということであれば、「困難であると認められる場合」に該当すると判断する余地はあると考えられます。ただ、特定個人情報ファイルでの番号確認は、原則的な番号確認書類で確認する場合と比べてマイナンバーの変更を把握しづらいので、一定期間ごとに、原則的な番号確認書類での確認を行う機会を設けるのが適切でしょう。

（注）マイナンバー法施行規則に対するパブリックコメント結果の86項。なお、そこでは、「具体的なケースをあらかじめ示すことは困難ですが、例えば、申請者が単に書類を失念しただけのような場合には、一般的に考えて、「困難である」とは考えにくいと思われます。」とされています。

　　　　　　　　　＊　＊　＊

第 2 章　マイナンバーを巡る日常的なトラブル

★Q1-12★　取得したマイナンバーが特定個人情報ファイルに登録されたマイナンバーと違っていた場合の対応

> **Q**　当社は、特定個人情報ファイルでの番号確認を行っていますが、従業員から提出された扶養控除等（異動）申告書記載のマイナンバーが、特定個人情報ファイルに登録されたマイナンバーと違っていました。このような場合、どうしたらよいでしょうか？

A　不一致が生じているマイナンバーが、事業者が本人確認義務を負う人のマイナンバーであれば、原則的な番号確認書類で番号確認を行う必要があります。これに対し、不一致が生じているマイナンバーが、事業者が本人確認義務を負わない人のマイナンバーであれば、番号確認は必要ありません。ただし、いずれの場合であっても、特定個人情報ファイルの更新は必要になります。また、源泉徴収票等には、新しいマイナンバーを記載することになります。

【解説】

　★Q1-11★で解説したとおり、「原則的な番号確認書類での番号確認が困難であると認められる場合」には、特定個人情報ファイルでの番号確認が可能ですが、提供を受けたマイナンバーと特定個人情報ファイルに登録されているマイナンバーが一致しない場合、どのようにすればよいのでしょうか？

　このような事態が生じるのは、マイナンバーが変更されたという場合のほかに、単に提供者が書き間違えたという場合が考えられますが、このような場合の対応は、不一致が生じているマイナンバーが、事業者が本人確認義務を負う人のマイナンバーなのかそうでないのかによって異なります。

マイナンバーの取得時に当たって、事業者が本人確認義務を負わない場合もあるということは**第1章の4（2）①イ c.** で説明したとおりですが、仮に事業者が本人確認義務を負う人（扶養控除等（異動）申告書でいえば従業員本人）のマイナンバーについて不一致が生じているのであれば、事業者には番号確認義務がある以上、原則的な番号確認書類の提示を提供者に求め、提供されたマイナンバーが正しいマイナンバーなのかについて確認する必要があります。

これに対し、事業者が本人確認義務を負わない人（扶養控除等（異動）申告書でいえば控除対象配偶者や扶養親族）のマイナンバーについて不一致が生じているのであれば、事業者には番号確認義務がありませんので、原則的な番号確認書類の提示を求めるといった対応は必要ありません。ただし、単なる記載ミスという可能性もありますので、マイナンバーに変更が生じたということでよいのか、記載ミスではないのかということについて、従業員に確認した方がよいでしょう。

なお、個人情報保護法19条により、個人情報取扱事業者には、個人情報（生存している人のマイナンバーも該当します）の正確性の確保の努力義務が課されていることもありますので、マイナンバーの変更が確認された場合には、番号確認義務の有無にかかわらず、特定個人情報ファイルを更新する必要があります。また、源泉徴収票等には、新しいマイナンバーを記載することになります。

＊　＊　＊

第2章　マイナンバーを巡る日常的なトラブル

★Q1-13★　委託先による本人確認

Q　当社グループでは、グループの従業員のマイナンバーの取得を、グループ内のシェアードサービス会社が一括して行うことにしています。この場合、シェアードサービス会社は、身元（実在）確認書類による身元（実在）確認を省略できないのでしょうか？

A　シェアードサービス会社と雇用関係にある従業員については、身元（実在）確認書類を省略できる可能性がありますが、それ以外の従業員については、身元（実在）確認書類が必要になります。

【解説】

　第1章の4（2）⑥で説明したように、マイナンバーの取扱い事務を第三者に委託することは可能であり、従業員からのマイナンバーの取得を、本人確認も含めて委託するというケースもあろうかと思います。全くの第三者に委託するということもあるでしょうが、質問のケースのように、グループ内のシェアードサービス会社などに委託するということもあるでしょう。このように委託を受けた第三者が本人確認を行う場合、身元（実在）確認はどのようにして行えばよいのでしょうか？　★Q1-10★で説明したように、マイナンバーを取得する事業者とマイナンバーの提供者とが雇用関係にある場合、身元（実在）確認書類は省略できる可能性がありますが、取得をシェアードサービス会社等に委託した場合でも、身元（実在）確認書類は省略できるのでしょうか？

　この場合、シェアードサービス会社と従業員との関係によって、身元（実在）確認書類の要否が判断されるものと考えられます（**図表2-2**）。シェアードサービス会社と雇用関係にある従業員については、少なくとも国税分野では、採用時などにきちんと本人確認を行っているのであればマイナ

ンバー取得時には身元（実在）確認書類は不要で、対面で人違いでないことを確認すればよい、ということになります。この従業員がシェアードサービス会社以外のグループ会社の従業員を兼務していたとしても同様であり、シェアードサービス会社以外のグループ会社から委託を受けている部分との関係では身元（実在）確認書類が必要になってしまう、というわけではありません（注）。

(注) 岡村久道ほか「座談会　企業のマイナンバー対応（下）－取扱いの実務とスケジュール」NBL1052号29頁における磯村発言（42頁）。

これに対し、シェアードサービス会社と雇用関係にない従業員については、たとえ同じグループ内の従業員であっても、「雇用契約成立時等に本人であることの確認を行っている雇用関係その他これに準ずる関係にある者」には該当しませんので、原則どおり、身元（実在）確認書類が必要になります。ただし、2回目以降の取得についても同じシェアードサービス会社が行う場合は、★**Q1-10**★で紹介した「過去に本人であることの確認を行っている同一の者から継続してマイナンバーの提供を受ける場合で、知覚すること等により、マイナンバーの提供を行う者が本人であることが明らかな場合」に該当する余地がありますので、少なくとも国税分野については、身元（実在）確認書類を省略できる可能性があります（その場合であっても、シェアードサービス会社の担当者が提供者と対面し、人違いでないことを確認する必要はあります）。

＊　＊　＊

第 2 章　マイナンバーを巡る日常的なトラブル

図表2-2　グループ内の従業員のマイナンバーをシェアードサービス会社が一括して取得する場合の本人確認

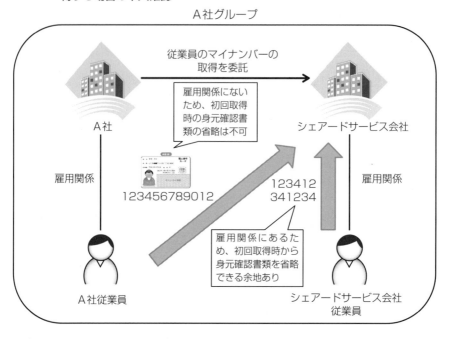

★Q1–14★　本人確認書類の提出を受けられない場合の対応

Q　マイナンバーの提供者が、マイナンバーは提供してくれるものの、本人確認書類を提出してくれません。どうしたらよいでしょうか？

A　本人確認書類としては、様々な書類が認められていますので、提供者が抵抗感なく出せるものがないか、検討してみましょう。また、コピーの提出に抵抗感があるという場合もありますので、その場合は本人に直接会い、本人確認書類の原本を提示してもらって本人確認する（コピーはとらない）、という方法をとることになります。

【解説】

　マイナンバーの提供者に対し、本人確認書類として、**図表2-3**に掲げるような原則的な本人確認書類のコピーの提出を求めている事業者は多いと思います。しかし、このような書類のコピーの提出を嫌がる提供者もいるかもしれません。そのような場合、どうすればよいのでしょうか？

図表2-3　原則的な本人確認書類

	番号確認	身元（実在）確認
①	個人番号カード	
②	通知カード	運転免許証／パスポート等
③	住民票（マイナンバー付き）	運転免許証／パスポート等

※上記①〜③のいずれかの組合せで本人確認を行う

（1）別の本人確認書類を検討する

　そのようなケースを想定してか、マイナンバー法施行規則では、実に様々な書類での本人確認が認められています。それをまとめた表が、内閣官房のマイナンバー制度に関するホームページに「本人確認の措置について」として掲載されていますので、提供者が抵抗感なく出せるものがないか、その表で確認してみるとよいでしょう。なお、その表の中に「個人番号利用事務実施者が適当と認めるもの」という言葉が出てきますが、これに該当するものとして、国税分野では、国税庁から、★**Q1-10**★で紹介した国税庁告示が出されています。

　例えば、身元（実在）確認書類でいえば、国税庁告示により、

> ① 個人識別事項（①氏名と、②生年月日か住所。★**Q1-9**★参照）を予め印字した書類（プレ印字書類）を個人番号関係事務実施者からマイナンバーの提供者に送る

> ② 提供者は、プレ印字書類にマイナンバーを記載の上、個人番号関係事務実施者に返送する

という方法によってマイナンバーを取得する場合、マイナンバーの取得に利用したプレ印字書類が身元（実在）確認書類になるとされています（告示1）。また、番号確認については、原則的な番号確認書類の提示が困難な場合、という条件付きではありますが、「自身の個人番号に相違ない旨の申立書」（注）によって番号確認することが認められています（告示5）。これらの方法であれば、提供者としても抵抗感が少ないと思いますので、検討してみるとよいでしょう。

（注）ひな形が国税庁のホームページに掲載されています（https://www.nta.go.jp/mynumberinfo/kokuji/pdf/youshiki01.pdf）。

　もっとも、これらの方法は、原則的な本人確認書類で本人確認を行う場合と比較して、成りすましを防止する効力が劣ることは明らかです。プレ印字書類による身元（実在）確認を行うのは、予め運転免許証等による身元（実在）確認を行って個人識別事項を取得しているような場合に限定するのが適切ですし（注）、「自身の個人番号に相違ない旨の申立書」による番号確認については、原則的な番号確認書類の提示が困難な場合しか使えないとされています。いずれの方法についても、安易に用いるべきではないでしょう。

（注）国税庁告示には、そのような条件は明示されていませんが、プレ印字書類による身元（実在）確認を認める理由について、国税庁は、「顧客の氏名、住所、生年月日を印字した用紙を交付するに当たっては、現に手続を行っている者が本人に相違ないことについて、企業等において、既に確認ができているものと想定されることから、当該書類による確認を認めております。」と説明しています（国税庁告示に関するパブリックコメントの結果の概要36項）。かかる説明を踏まえますと、本文に記載したような取扱いが適切と考えます。

(2) 原本での本人確認を検討する

提供者が本人確認書類の提出を拒む理由が、「コピーの提出には抵抗感がある」というものである場合も考えられます。本人確認書類のコピーを保存することは求められておりませんので、そのような場合は、コピーの提出は求めず、直接提供者と会って、本人確認書類の原本の提示を受けて、本人確認すればよいでしょう。

(3) それでも提出してくれない場合

上記（1）（2）のいずれの対応をしても、マイナンバーの提供者が本人確認を拒否する場合、提供されたマイナンバーを帳票類に記載するべきか、それとも、本人確認ができていない以上記載すべきでないかについては、マイナンバーの提供を拒否された場合に準じて、提出先機関の指示を仰ぐのが適切と考えます（★ Q1-5 ★参照）。

＊　＊　＊

★Q1-15★　マイナンバーに誤りがあった場合の事業者の責任

Q　当社が提出した支払調書について、税務署から、「記載されているマイナンバーに誤りがあるのではないか。」との照会が入りました。調べてみたところ、確かに当社が取得したマイナンバーが間違っていることが分かりました。このような場合、当社は、何らかの刑罰を受けるのでしょうか？

A　取得したマイナンバーが間違っているというだけで、事業者が直ちに刑罰を受けることはありません。

第2章　マイナンバーを巡る日常的なトラブル

【解説】

　「取得したマイナンバーが間違っていたら、事業者は何らかの責任を負うのか？」という質問はよく頂戴します。しかしながら、マイナンバー法では、取得したマイナンバーが間違っていた、あるいは間違ったマイナンバーを個人番号利用事務実施者に提供したということに対する罰則は設けられておりません。また、マイナンバー記載の根拠となる所得税法等の各種法令にも罰則はありません。よって、マイナンバーが間違っていたというだけで、事業者が直ちに刑罰を受けることはありません（注）。

（注）ガイドラインQ&A6-3、「番号制度概要に関するFAQ」（★**Q1-5**★(1)の（注）参照）Q2-3-3。

　ただ、言うまでもないことですが、刑罰が設けられていないからといってマイナンバーをいい加減に取り扱ってよいということにはなりません。
　扶養控除等（異動）申告書によって扶養親族のマイナンバーを取得する場合のように、事業者に本人確認義務が課されていない場合は別ですが（**第1章4の（2）①イc.**）、本来であれば、事業者が本人確認義務を果たした上、取得したマイナンバーを書類に正しく転記していれば、書類に誤ったマイナンバーを記載して提出してしまうという事態は起こらないはずです。仮に間違いの原因が、本人確認義務を怠っていた等のマイナンバーの不適切な取扱いにあるのであれば、特定個人情報保護委員会の勧告・命令を受ける可能性があり（マイナンバー法51）、その命令にすら違反したような場合には、刑罰を受ける恐れもあります（マイナンバー法73）。つまり、書類に記載したマイナンバーが間違っているというだけで直ちに事業者が責任を問われることがないとは言っても、状況次第では、行政処分や刑事罰等のサンクションを受ける恐れがあるということです。
　また、個人情報保護法19条により、個人情報取扱事業者には、個人情報の正確性の確保の努力義務が課されていますが、これは生存している人の

マイナンバーにも適用があります。

　正確なマイナンバーを取得・提供できるよう、マイナンバーの適切な取扱いを心掛けましょう。

＊　＊　＊

★Q1-16★　利用目的の追加が必要になった場合の対応

Q　当社は、マイナンバーの取得にあたり、利用目的の通知等の手続を行いましたが、通知等した目的以外の目的でマイナンバーを利用する必要が生じてしまいました。どのようにしたらよいでしょうか？

A　新しい目的がどのようなものであるかによって、利用目的の変更や、マイナンバーの取得し直しの手続が必要になることがあります。

【解説】

　第1章の4（2）①ウで説明したように、個人情報保護法上の個人情報取扱事業者に該当する事業者は、マイナンバーの利用目的を特定する必要があります。そして、本人のマイナンバーが記載された書面（電磁的方法を含みます）を直接本人から受領することによってマイナンバーを取得する場合は、取得前に利用目的を本人に明示する必要がありますし、それ以外の方法で取得する場合も、マイナンバーを取得する前か、取得した後速やかに、利用目的を本人に通知又は公表する必要があります（個人情報保護法18①②）。

　それでは、通知等していた目的とは別の目的でマイナンバーを利用する必要が生じた場合、どうすればよいのでしょうか？　そのような場合の対応については、通知等していた当初の目的と新しい利用目的との関係性によって、以下のような3パターンに分かれることになります。

(1) 新しい利用目的が当初の利用目的の範囲内であるといえる場合

この場合、通知等してある利用目的の範囲内での利用となることから、特段の対応は必要ありません。

ガイドラインでは、特段の対応が不要な場合として、以下のような事例が紹介されています（ガイドライン第4－1－(1)① Ba（15頁））。

> * 〈当年以後の源泉徴収票作成事務に用いる場合〉
>   前年の給与所得の源泉徴収票作成事務のために提供を受けた個人番号については、同一の雇用契約に基づいて発生する当年以後の源泉徴収票作成事務のために利用することができると解される。
>
> * 〈退職者について再雇用契約が締結された場合〉
>   前の雇用契約を締結した際に給与所得の源泉徴収票作成事務のために提供を受けた個人番号については、後の雇用契約に基づく給与所得の源泉徴収票作成事務のために利用することができると解される。
>
> * 〈講師との間で講演契約を再度締結した場合〉
>   前の講演契約を締結した際に講演料の支払に伴う報酬、料金、契約金及び賞金の支払調書作成事務のために提供を受けた個人番号については、後の契約に基づく講演料の支払に伴う報酬、料金、契約金及び賞金の支払調書作成事務のために利用することができると解される。
>
> * 〈不動産の賃貸借契約を追加して締結した場合〉
>   前の賃貸借契約を締結した際に支払調書作成事務のために提供を受けた個人番号については、後の賃貸借契約に基づく賃料に関する支払調書作成事務のために利用することができると解される。

(2) 新しい利用目的が当初の利用目的と相当の関連性を有すると合理的に認められる範囲内である場合

この場合、利用目的を変更し、本人への通知又は公表を行うことで、変

更後の利用目的の範囲内でマイナンバーを利用できるとされています(個人情報保護法15②・18③、ガイドライン第4-1-(1)①Ba(15頁))(注)。

> (注) 平成27年9月に成立した改正個人情報保護法では、「相当の」という文言が削除され、当初の利用目的と「関連性を有すると合理的に認められる範囲」内であれば利用目的の変更が可能とされています。これにより、利用目的の変更が認められる範囲が広がることになります。

「新しい利用目的が当初の利用目的と相当の関連性を有すると合理的に認められる範囲内」の意味が分かりくいですが、「個人情報の保護に関する法律についての経済産業分野を対象とするガイドライン(平成26年12月12日厚生労働省・経済産業省告示第4号)」(以下「経産分野ガイドライン」といいます)2-2-1(2)(16頁)では、「社会通念上、本人が想定することが困難でないと認められる範囲内」であるとされています。また、(特定個人情報の適正な取扱いに関する)ガイドライン第4-1-(1)①Ba(15頁)では、利用目的の変更が可能な場合として、以下のような事例が紹介されています。

雇用契約に基づく給与所得の源泉徴収票作成事務のために提供を受けた個人番号を、雇用契約に基づく健康保険・厚生年金保険届出事務等に利用しようとする場合は、利用目的を変更して、本人への通知等を行うことにより、健康保険・厚生年金保険届出事務等に個人番号を利用することができる。

雇用契約を締結している以上、源泉徴収票作成事務だけでなく、健康保険・厚生年金保険届出事務のためにマイナンバーが必要になることは想定できるから、雇用契約に基づく源泉徴収票作成事務のために取得されたマイナンバーが健康保険・厚生年金保険届出事務に利用されることも十分に想定できるはずだ、ということではないかと思われます。

(3) 新しい利用目的が当初の利用目的と相当の関連性を有すると合理的に認められる範囲を超える場合

　この場合、利用目的の変更等は許されず、新しい利用目的の通知等を行った上、マイナンバーを取得し直すことが必要となります。

　ガイドラインには、そのような事例は特に紹介されていませんが、例えば、以下のようなケースが該当するのではないかと考えられます。

> ＊保険会社が雇用契約に基づき、源泉徴収票作成事務の目的で従業員のマイナンバーを取得していたところ、その従業員が加入している自社の保険に基づき保険金を支払ったので、「生命保険契約等の一時金の支払調書」の作成事務に個人番号が必要になった。
>
> ＊弁護士との委任契約に基づき、「報酬、料金、契約金及び賞金の支払調書」の作成事務の目的で弁護士のマイナンバーを取得していたところ、その弁護士が所有している不動産を賃借することになったので、「不動産の使用料等の支払調書」の作成事務にマイナンバーが必要になった。

　上記のケースでは、いずれも、当初の利用目的の事務と新しい利用目的の事務とで、基となっている契約関係が変わっています（1つ目の例であれば、雇用契約から保険契約に、2つ目の例であれば、委任契約から賃貸借契約に変わっています）。このような場合は、当初の利用目的から、新しい利用目的での利用を本人が想定することは困難ですので、利用目的の変更は認められず、新しい利用目的の通知等を行った上で、改めてマイナンバーを取得し直す必要があると考えられます。

(4) 利用目的の変更等が発生することを防ぐために

　なお、予め発生が予想される複数の事務を利用目的として特定し、通知等しておくことは許されています（ガイドラインQ&A1-3）。自社においてマ

イナンバーをどのような事務で用いるのか、入念な洗出し作業を行い、その全てを漏れなく利用目的として通知等しておけば、利用目的の変更やマイナンバーの取得し直しが必要となる事態を防ぐことができます。

＊　＊　＊

★Q1-17★　利用目的の通知等を怠っていた場合の対応

Q　マイナンバーの取得にあたっては、利用目的の通知等の手続が必要となるそうですが、当社はこれまで手続をしていませんでした。どのようにしたらよいでしょうか？

A　個人情報取扱事業者に該当する事業者については、利用目的の通知等の手続を行った上で、改めてマイナンバーを取得し直すことが適切と考えられます。

【解説】
　個人情報保護法上の個人情報取扱事業者に該当する事業者が利用目的の通知等の手続を怠ってマイナンバーを取得していた場合、個人情報保護法違反となります（ただし、取得の状況からみて利用目的が明らかであると認められる場合など、個人情報保護法18条4項各号のいずれかに該当する場合は別です）。そして、「明示」については取得前、「通知又は公表」についても、遅くとも取得後速やかに行う必要があるとされている以上、取得後、しばらくしてからこれらの手続を履践したところで、取得手続の違法が治癒されるわけではないと考えられます。

　ただ、だからと言って何もしなければ、違法な手続で取得したマイナンバーを保管・利用し続けることとなってしまいます。そこで、事業者としては、取得済みのマイナンバーは廃棄・削除した上で、利用目的の通知等

の手続を行い、マイナンバーを取得し直すことが適切と考えます。こうすることで、(過去のマイナンバーの取得手続の違法が治癒されるわけではないものの)再取得以降は、適法に取得したマイナンバーを保管・利用する形となります。

なお、利用目的の通知等の手続が求められるのは、個人情報取扱事業者に該当する事業者だけですので、個人情報取扱事業者に該当しない事業者については、特段の対応は必要ありません。

＊　＊　＊

★Q1-18★　扶養親族等への利用目的の通知

Q 扶養控除等（異動）申告書等を通じて扶養親族等のマイナンバーを取得することになりますが、従業員とは違って、扶養親族等は会社に来ないため、利用目的の通知が困難です。扶養親族等への利用目的の通知は、どのようにして行えばよいのでしょうか？

A 郵送による通知のほか、従業員を通じて通知するという方法が考えられます。

【解説】
(1) 扶養親族等にも「通知又は公表」が必要

マイナンバー制度導入後、扶養控除等（異動）申告書には、従業員や控除対象配偶者、扶養親族（以下、本Qにおいて、控除対象配偶者と扶養親族を合わせて「扶養親族等」といいます）のマイナンバーが記載されることになります。つまり、事業者は、従業員から扶養控除等（異動）申告書の提出を受けることにより、従業員はもちろん、扶養親族等のマイナンバーも取得することになります。この場合、従業員のマイナンバーについては、扶養控

除等（異動）申告書を従業員本人から直接受領することによって取得することになるため、個人情報保護法18条2項により、利用目的の「明示」が必要になります。これに対し、扶養親族等のマイナンバーについては、扶養控除等（異動）申告書の提出者である従業員を通じた取得になることから、利用目的の「明示」は必要ありません。しかし、「通知又は公表」は必要です（同条①）。では、会社に来ない扶養親族等に対する利用目的の通知は、どのように行えばよいのでしょうか？

（2）従業員に通知しただけでは不十分

　前提として、従業員に利用目的を通知しておけば当然に扶養親族等にも通知したことになる、という考え方はとられていないという点に注意が必要です（ガイドラインQ&A1-6参照）。ですので、扶養親族等に通知したと評価できるような方法を考える必要があります。

（3）扶養親族等への通知の方法

　「通知」の意味については、経産分野ガイドライン（★ **Q1-16** ★参照）2-1-7（10頁）において、「本人に直接知らしめることをいい、事業の性質及び個人情報の取扱状況に応じ、内容が本人に認識される合理的かつ適切な方法によらなければならない。」とされています。そして、その具体的な方法として、「隔地者間においては、電子メール、ファックス等により送信すること、又は文書を郵便等で送付すること。」が挙げられています。

　そこで、例えば、扶養控除等（異動）申告書に記載された住所に宛てて、利用目的を通知する書面を扶養親族等に送付する、ということが考えられます（通知は、速やかに行えば、取得後でも構いません）。あるいは、従業員に利用目的を記載した書面を渡し、扶養親族等に交付してもらうという方法も許されるものと考えます。ただし、単に従業員に通知書面を渡して終わりではなく、ちゃんと扶養親族等に渡すよう指示することは必要で

図表2-4　利用目的を通知する書面のサンプル

※従業員の皆様へ　当社への個人番号の提供対象となるご家族様にお渡し下さい。

従業員のご家族の皆様へ

個人番号（マイナンバー）の利用目的について

マイナンバー㈱

　当社は、扶養控除等（異動）申告書や健康保険被扶養者（異動）届、国民年金第3号被保険者関係届等を通じて、一定の要件を満たす従業員のご家族の皆様の個人番号（マイナンバー）を取得することになります。取得した個人番号は、以下の目的で利用します。

（税関係）
・源泉徴収票作成事務
・扶養控除等（異動）申告書、保険料控除申告書兼給与所得者の配偶者特別控除申告書提出事務
（社会保険関係）
・健康保険・厚生年金保険届出事務

しょう。

　なお、利用目的を通知するための書面のサンプルを**図表2-4**に示しましたので、参考にしてください（利用目的の内容は、各社で適宜修正してください）。

（4）利用目的はホームページでの「公表」が便利

　なお、利用目的は、扶養親族等に「公表」することでも足ります。具体的には、利用目的を記載したページを自社のホームページに掲載しておけば、利用目的の扶養親族等への「公表」は満たされることになります。

扶養親族等に利用目的を「通知」しようとすると、上記のように、利用目的を記載した書面を扶養親族等に送付したり、あるいは従業員に対し、通知書面を扶養親族等に交付するよう指示したりといった対応が必要になり、非常に煩雑です。何より大変なのは、扶養親族等が追加になるたび、通知の手続が必要になるということです。その対応のため、利用目的を通知済みの扶養親族等とそうでない扶養親族等を事業者が把握しておく必要もあります。

　これに対し、ホームページによる利用目的の「公表」は、利用目的が記載されたページを掲載し続けておけば足りますので、非常に便利です。扶養親族等が追加になった場合でも、特段の対応は必要ありません。このため、自社のホームページを持っている事業者は、ホームページで利用目的を「公表」することをお勧めします。

　ただし、経産分野ガイドラインの2-1-8（11頁）において、利用目的は、トップページから1回程度の操作で到達できる場所に掲載することとされていますので、その点はご注意ください。

管理・保管

　マイナンバーの管理にあたって、事業者は、マイナンバーの漏えい、滅失又は毀損の防止、その他の適切な管理のために必要な措置（＝安全管理措置）を講じなければなりません（マイナンバー法12）。
　その詳細につきましては、**第4章**で説明をしてますので、そちらをご覧ください。
　ここでは、それ以外の管理・保管に関する日常的なトラブルについて説明をします。

★Q2-1★　事務取扱担当者の範囲

> **Q**　当社では、支店の従業員のマイナンバーについては各支店毎に支店長に回収させて、本社へ送付させようと考えています。この場合、各支店の支店長についても事務取扱担当者に該当するのでしょうか？　また、支店長が本人確認をするか否かで違いはあるでしょうか？

　A　事務取扱担当者は、一般的にはマイナンバーの取得から廃棄までの事務に従事するすべての者が該当すると考えられます。
　したがって、本Qにおける支店長についても事務取扱担当者に該当するものと思われます。
　ただし、支店長の役割によって、会社としてとるべき安全管理措置の内容に違いが生じます。

【解説】

　ガイドラインにおいては、安全管理措置の検討にあたり、次に掲げる事項を明確にすることが重要であるとされています（ガイドライン別添安全管理措置・要点（48頁））。

> ・個人番号を取り扱う事務の範囲
> ・特定個人情報等の範囲
> ・特定個人情報等を取り扱う事務に従事する従業者（事務取扱担当者）

　したがって、事業者は、個人番号関係事務又は個人番号利用事務の範囲を明確にした上で、その事務に従事する事務取扱担当者を明確にすることが必要となります。

　例えば、事業者において、源泉徴収票の作成事務等を行う経理部門の従業員や社会保険関係の書類の作成事務等を行う人事部門の従業員はいずれも従業員のマイナンバーを取り扱うこととなりますので、これらの従業員が事務取扱担当者となります。

　では、それ以外にもマイナンバーを扱う事務に従事する従業員は全て事務取扱担当者となるのでしょうか？

　例えば、支店の従業員のマイナンバーについて、支店長に回収をさせ、支店長が本社に送付するという取扱いをしている事業者においては、この支店長も事務取扱担当者となるのでしょうか？

　この点、ガイドラインQ&A10-2は、「事務取扱担当者は、一般的には、個人番号の取得から廃棄までの事務に従事する全ての者が該当すると考えられます。」としています。すなわち、本Qにおける支店長のように、マイナンバーの取得の事務に関与している者は事務取扱担当者に該当することとなります。

　そして、このことは、支店長が本人確認を行った上でマイナンバーを本

社へ送付する場合と本人確認せずに書類を本社へ送付する場合とで異なるところはありません。

　すなわち、支店長が支店の従業員から提出を受けたマイナンバーと本人確認書類について確認を行った上で本社へ送付する場合には、重要な役割を担っていますので、当然に事務取扱担当者となるものと思われます。

　他方、支店長が単に従業員からマイナンバーと本人確認書類の提出を受けて、その内容を確認しないで本社へ送付するような場合は、支店長自身は補助的に一部の事務を行っているに過ぎませんので、このような場合にまで事務取扱担当者となるのか微妙なところではありますが、ガイドラインQ&A10-2においては、このような補助的に一部の事務を行っている者も事務取扱担当者に当たるとされています。

　なお、上記ガイドラインQ&Aでは、当該事務のリスクを適切に検討し、必要かつ適切な安全管理措置を講ずることが重要としており、例えば、定期的に発生する事務や中心となる事務を担当する者に対して講ずる安全管理措置と書類を移送するなど補助的に一部の事務を行う者に対して講ずる安全管理措置とが異なってくることは十分に考えられるとされています。

　したがって、本Qにおいても、支店長が本人確認を行う場合とそうでない場合とで、事業者として講ずべき安全管理措置の内容を異なるものとすることも許されることとなります。

＊　＊　＊

★Q2-2★ 取扱規程の改定の対応

Q 当社では、マイナンバーの取扱いに関してかなり詳細な社内規程を作成し、取締役会で決議をしましたが、取扱いルールの細かな点に変更が生じたため、規程の改定が必要となり、そのために取締役会で決議をしました。今後も些細な改定の度に取締役会の決議をするというのは煩雑です。何かいい方法はないでしょうか？

A マイナンバーの取扱いに関する詳細な点についてまで「規程」という形式で定める必要はありません。規程にはマイナンバーの取扱いに関する基本的な事項を定め、取扱いの詳細については、事務フローやマニュアル等で別途定めるという対応も許されます。

また、取扱規程については、必ず取締役会決議に基づかなければいけないわけではありません。

【解説】

ガイドラインにおいて、事業者は、マイナンバーの安全管理措置の1つとして取扱規程を作成することが要求されており、具体的には、マイナンバーの取得、利用、保存、提供、削除・廃棄の各段階毎に取扱方法、責任者・事務取扱担当者及びその任務等について定めることが考えられ、組織的安全管理措置、人的安全管理措置、物理的安全管理措置、技術的安全管理措置を織り込むことが重要であるとされています（ガイドライン別添安全管理措置②B（51頁））。

すなわち、事業者は、自社において、いつ、誰が、どのようにマイナンバーを取得し、それを誰が、どう利用し、誰が、誰に対して、どのように提供し、誰が、どう保管するのか、そして不要となったマイナンバーを誰が、どのように廃棄するのかといったことについて、取扱いのルールを定

めることが必要となるのです。

　そして、このルールの中には、当然のことながら、非常に詳細なことまで入ってきます。

　とすると、この取扱規程の中でこれらの詳細な取扱いルールについてまで全て定めるとすれば、このルールに変更が生じた場合には、取扱規程自体の改定が必要となり、そのために取締役会決議等の手続が必要となり、手続的に非常に煩雑になります。

　そこで、取扱規程においては、事業者におけるマイナンバーの取扱いを全て定める必要はなく、マイナンバーの取扱いに関する基本的な事項だけを定め、実際の取扱いに関する詳細なルール等については、別途事務フローやマニュアルのようなものを作成することで対応することも許されています（注）。

　（注）岡村久道ほか「企業のマイナンバー対応（下）－取扱いの実務とスケジュール」
　　　　NBL1052号32頁　上田発言。

　このように取扱規程においては基本的な事項だけを定めるようにしておけば、細かな取扱いのルールが変更になったとしても、その度ごとに取締役会決議を経る必要はなくなりますので、事業者の手間も軽減されることとなります。

　また、ガイドラインに対するパブリックコメント結果の71項において、「基本方針並びに取扱規程等は、特に重要な規程として、取締役会決議を要するのでしょうか。あるいは、通常の社内規程と同様に制定改廃権限を定めてよくて、特別扱いする必要はないでしょうか。」という意見に対して、「それぞれの事業者において規定の内容に応じてご判断ください。」という考え方が示されていることから、そもそも、取扱規程について必ず取締役会決議を経なければいけないわけでもありません。

　したがって、取扱規程の制定改廃権限を取締役会ではなく、代表取締役

や担当取締役等にすることにより、手続的な煩雑さを回避することも可能です。

＊　＊　＊

★Q2-3★　退職した従業員のマイナンバーの保管

Q　当社で従業員から収集したマイナンバーについて、当該従業員が退職した場合にはどのようにしたらいいのでしょうか？　ずっと保管しておいてもいいのでしょうか？

A　マイナンバー法で定められた事務を処理する必要がなくなった場合で、かつ、所管法令によって定められた保管期間を経過したマイナンバーについては速やかに廃棄又は削除しなければなりません。

【解説】

　マイナンバーは、マイナンバー法19条各号のいずれかに該当する場合を除いては保管することはできません（同法20）。すなわち、民間の事業者の場合については、個人番号関係事務を処理するために必要な限度でしかマイナンバーを保管することはできないのが原則となります。

　したがって、個人番号関係事務を処理する必要がなくなった場合には、速やかにマイナンバーを廃棄又は削除しなければなりません。

　しかし、一定の書類については、所管法令によって一定期間の保管が義務付けられている場合があります。例えば、給与所得者の扶養控除等（異動）申告書であれば7年間（所得税法施行規則76の3）、雇用保険の被保険者資格取得届であれば4年間（雇用保険法施行規則143）は、引き続き保管しなければならないとされています。

　したがって、それらの書類に記載されているマイナンバーについても、

当該書類の保管期間の間は廃棄・削除する必要はなく、引き続き保管できることとなります。

また、マイナンバーを記載した書類の保管期間が経過するまでの間は、当該書類の再作成等の個人番号関係事務を行うために必要があると認められるため、当該書類だけでなく、事業者のシステム内に記録されているマイナンバーも引き続き保管することができるとされています（ガイドラインQ&A6-4）。

したがって、退職した従業員のマイナンバーについても、所管法令で定められた保管期間の間はそれが記載された書類だけでなく、システム内においても、引き続き保管することができることとなります。

そして、当該書類の保管期間を経過したら、速やかに、当該書類を廃棄するとともに、システム内のマイナンバーも削除しなければなりません。この場合の廃棄・削除の方法につきましては、本章の5の★Q5-4★で詳しく説明していますので、そちらをご覧ください。

　　　　　　　　　＊　＊　＊

★Q2-4★　マイナンバーの記載された書類の保管期間

Q　マイナンバーの記載された書類については、所管法令により一定の期間保管しなければならない場合があるとのことですが、保管期間はどうやって調べたらいいのでしょうか？

A　マイナンバー法自体にはマイナンバーやマイナンバーの記載された書類の保管期間についての定めはありません。マイナンバーの記載される各書類について作成を要求している各法令において、個別に定められていますので、それらを個別に確認してください。

【解説】

 ★**Q2-3**★でも説明したように、マイナンバーの記載された書類について所管法令で一定の期間保管することが定められている場合には、その期間保管することが許されます。

 では、この保管期間はどうやって調べればいいのでしょうか？

 この点、マイナンバー法自体には、マイナンバーの記載された書類の保管期間について特に定めはありません。あくまで、マイナンバーの記載される各書類の作成を定める各法令において定められています。

 例えば、給与所得者の扶養控除等（異動）申告書や配偶者特別控除申告書等については7年間保管するものとされています（所得税法施行規則76の3）。また、雇用保険の被保険者取得届等は4年間保管するものとされています（雇用保険法施行規則143）。

 このように、各書類の保管期間は、それぞれの書類毎にその作成を定める各法令で定められていますので、きちんと各法令を確認するようにしてください。

 なお、従前は、倉庫等に各書類を保管しておき、保管期間が経過しても直ちに書類を廃棄せず、倉庫がいっぱいになった時点で、保管期間を経過した書類を廃棄するという対応をとっている事業者もあったかもしれませんが、マイナンバーの記載された書類についてはそのような対応は許されず、保管期間が経過したら直ちに廃棄・削除しなければなりませんので、ご注意ください。

 ただし、マイナンバーの廃棄・削除の時期については、保管期間が経過する毎に逐一行う必要はなく、毎年度末にまとめて行う等、マイナンバーの保有に係る安全性及び事務の効率性等を考慮して決める必要があるとされています（ガイドラインQ&A6-5）。

3 利用

★**Q3-1**★ マイナンバーを利用した顧客管理

Q 当社では、顧客のマイナンバーを利用して顧客情報を管理していますが、このような取扱いは問題ないでしょうか？また、問題があるとした場合、どうすればよいでしょうか？

A マイナンバーをマイナンバー法9条で定められた利用目的以外で利用することは許されませんし、個人番号関係事務の処理に必要な場合以外に特定個人情報ファイルを作成することはできませんので（マイナンバー法28）、顧客のマイナンバーを利用した顧客情報の管理は直ちにやめてください。

また、マイナンバー法の定める目的以外で利用するために収集したマイナンバーをそのまま保管することもできませんので、直ちに廃棄・削除するようにしてください。

可能であれば、顧客に対して、個別にマイナンバー法の定める目的以外でマイナンバーを収集してしまったこと、それゆえ、マイナンバーを廃棄・削除したことを通知することが望ましいです。

【解説】
（1）利用制限
　第1章の4（2）③で既に説明しましたが、マイナンバー法では、マイナンバーを利用できる事務の範囲を9条で限定しています。

すなわち、同条1項及び2項においては、行政機関や地方公共団体、独立行政法人等がその保有する特定個人情報ファイルにおいて個人情報を効率的に検索・管理するために必要な限度でマイナンバーを利用することができる旨規定しています（個人番号利用事務）。

　また、同条3項では、健康保険法、厚生年金保険法、租税特別措置法や所得税法等の法律の規定により、1項及び2項に規定する個人番号利用事務の処理に関して必要とされる他人のマイナンバーを記載した書面の提出その他の他人のマイナンバーを利用した事務を行うものとされた者は、当該事務を行うために必要な限度でマイナンバーを利用することができるとされています（個人番号関係事務）。

　この点、民間の事業者は、9条3項の個人番号関係事務を行う個人番号関係事務実施者に該当するところ、同条項においては、顧客管理のためにマイナンバーを利用することは規定されていません。

　したがって、民間の事業者が、本Qのように顧客の管理にあたって、顧客のマイナンバーを利用することはできません。

　また、個人番号関係事務実施者たる事業者は個人番号関係事務を処理するために必要な範囲に限って特定個人情報ファイルを作成することができるとされていますので（マイナンバー法28）、逆に言えば、この範囲を超えてマイナンバーに関するファイルを作成することはできません。

　そして、本Qのような顧客の管理というのは、上で説明したように、個人番号関係事務を行うために必要なものではありませんので、事業者は、顧客のマイナンバーを記載した顧客台帳や記録した顧客ファイルを作成することはできません。

（2）廃棄・削除

　では、違法と知らずに誤って顧客のマイナンバーを取得してしまった場合、事業者としてはどのように対応したらよいでしょうか。

マイナンバー法においては、19条各号においてマイナンバーを提供できる場合を定めていますが、このいずれかに該当する場合を除いて、マイナンバーを収集・保管することもできないとされています（同法20）。

本Qのように顧客情報の管理のためのマイナンバーの収集というのは19条各号のいずれにも該当しませんので、当然のことながら、そのような目的でのマイナンバーの保管もできないこととなります。

そこで、そのような場合、事業者としては、直ちに、それらのマイナンバーを廃棄・削除することが必要となります。なお、廃棄・削除の方法については、本章の5の★Q5-4★で詳しく説明をしていますので、そちらをご覧ください。

以上が法律上事業者がとるべき対応となりますが、事業者としては、それ以外に可能であれば、顧客に対して、違法にマイナンバーを収集してしまったこと、それ故直ちにマイナンバーを廃棄・削除する（した）ことを個別に通知するという対応をとることが望まれるものと思われます。

* * *

★Q3-2★ 利用目的の特定

Q 当社では、従業員の管理のために、従業員番号に変わって当該従業員のマイナンバーを利用しようと考え、従業員に通知する利用目的に「従業員管理のため」を入れましたが、利用目的として定めさえすれば、どのような目的であってもマイナンバーを利用できるのでしょうか？

A マイナンバーの利用にあたって、事業者は利用目的を特定することが必要となりますが、★Q3-1★で説明したように、マイナンバーはマイナンバー法9条の定める範囲内でしか利用できません。

したがって、どのような目的であっても定めれば利用できるわけではな

く、あくまでマイナンバー法の定める利用範囲内で利用目的を特定しなければなりません。

【解説】
　第1章の4（1）で説明したように、マイナンバーも個人情報の一種であるため、個人情報保護法の適用があり、個人情報取扱事業者に該当する事業者については、マイナンバーの利用目的をできる限り特定しなければなりませんし（個人情報保護法15①）、その利用目的をあらかじめ公表している場合を除き、速やかに本人に利用目的を通知又は公表しなければなりません（同法18①）。また、マイナンバーが記載された書面（電磁的方法を含みます）を直接本人から受領することによってマイナンバーを収集する場合には、収集前に利用目的を本人に明示する必要があります（同法18②）。

　他方、個人情報取扱事業者に該当しない事業者にあっては、個人情報保護法上は利用目的の特定を行う義務はありませんが、マイナンバーを個人番号関係事務又は個人番号利用事務を処理するために必要な範囲内で利用しなければなりませんので（マイナンバー法32）、マイナンバーをどの事務を処理するために利用するのかを決めるために、事実上、利用目的の特定を行うこととなります（ガイドラインQ&A1–9）。

　このように事業者はマイナンバーを取り扱うにあたっては利用目的を特定することが必要となりますが、それではどのような目的であっても定めることはできるのでしょうか。

　この点、★**Q3–1**★で説明したように、そもそも、マイナンバーはマイナンバー法9条の定める範囲内でしか利用できませんので、事業者が特定する利用目的も当然このマイナンバー法の定める範囲でなければなりません。

　そのため、利用目的として、例えば、従業員管理や顧客管理といったマイナンバー法9条の範囲外の目的を定めても、それらの目的にしたがって

マイナンバーを利用できるようになるわけではありません。

　事業者としては、マイナンバー法においていかなる範囲でマイナンバーの利用が許されているのかについてきちんと把握することが重要となります。

＊　＊　＊

★Q3−3★　従業員の同意

> **Q**　当社では、従業員のマイナンバーについて、マイナンバー法で定めた範囲を超え、また、当社で定めた利用目的の範囲を超える新たな利用目的で利用しようと考えているのですが、従業員本人の同意を得れば問題ないでしょうか？

A　マイナンバーはマイナンバー法9条で定めた範囲内で、かつ、事業者が特定した利用目的の範囲内でしか利用できません。

　そして、この点は、本人の同意を得たとしても同じで、これらの範囲を超えて利用することはできません。

　なお、利用しようと考えている新たな目的がマイナンバー法の範囲内であれば、利用目的の変更をするか、新たな利用目的を改めて通知等してマイナンバーを取得することも可能です。

【解説】

　既に★Q3−1★及び★Q3−2★において説明したように、マイナンバーは、マイナンバー法9条で定めた範囲内で、かつ、事業者が特定した利用目的の範囲内でなければ利用することはできません。

　そして、このことは、仮にマイナンバーの本人の同意を得たとしても、変わりはありません。すなわち、本人の同意を得たとしても、マイナン

バー法9条で定めた利用範囲や事業者が特定した利用目的の範囲を超えて利用することはできません。

　この点は個人情報の取扱いと異なるところです。すなわち、個人情報保護法上、個人情報取扱事業者は、あらかじめ本人の同意を得ないで、自らが特定した利用目的の達成に必要な範囲を超えて個人情報を取り扱ってはならないとされています（同法16①）。逆に言えば、あらかじめ本人の同意を得れば、特定された利用目的を超えて個人情報を取り扱うことができるわけです。

　ところが、マイナンバー法では、この個人情報保護法16条1項の規定について、「前条の利用目的の達成に必要な範囲を超えて個人情報を取り扱ってはならない」と読み替えられており、「本人の同意」については適用がありません（マイナンバー法29③）。

　したがって、マイナンバー法においては、本人の同意があったとしても、法の定める範囲はもちろんのこと、事業者の定めた利用目的の範囲を超えても利用することはできませんのでご注意ください。

　なお、仮にマイナンバーを利用しようと考えている新たな目的がマイナンバー法の定める範囲内のものであれば、利用目的を変更して本人へ通知又は公表するか、あるいは、改めて利用目的を特定して通知又は公表した上で、マイナンバーを取得し直すことは可能です。これらの点については本章の1の★**Q1-16**★で詳しく説明していますので、そちらをご覧ください。

 提供

★Q4−1★　従業員からマイナンバーの開示請求があった場合の対応

Q　当社の従業員から、自分のマイナンバーが分からなくなってしまったので、教えて欲しいとの請求がありました。本人に対してであれば教えても問題はないのでしょうか。

A　マイナンバーについては、マイナンバー法で限定的に明記された場合を除き提供することはできません（マイナンバー法19）。そして、このことは、当該マイナンバーの本人に対する提供でも同じです。

　ただし、個人情報取扱事業者については、個人情報法保護法25条に基づく個人情報の開示請求として、マイナンバーの開示が要求された場合には、開示しなければなりません。

　また、個人情報取扱事業者でない事業者についても、本人からの開示請求に応じて任意にマイナンバーを開示することは可能というのがガイドラインQ&Aの見解です。

【解説】

　マイナンバーを提供できる場合というのは、マイナンバー法19条で限定的に列挙された場合に限られており、それ以外の場合には、マイナンバーを提供することはできません。

　したがって、本人であっても、同条各号が認める場合を除き、自分のマイナンバーを第三者へ提供することはできませんし、また、同条は提供一

般を禁止しており、第三者への提供に限定しておりませんので、本人への提供も、同条各号が認める場合を除いては禁止されています（注）。

（注）宇賀克也著「番号法の逐条解説」有斐閣87頁。

　したがって、事業者としては、当該マイナンバーの本人に対してであっても、マイナンバー法19条で列挙された場合以外では、マイナンバーを提供することはできません。

　ただし、マイナンバーも個人情報の一種であるため、個人情報保護法の適用があるところ、個人情報保護法25条で、個人情報取扱事業者は、本人から、当該本人が識別される保有個人データの開示を求められたときは、本人に対して遅滞なく当該データを開示しなければならないとされていますので、この規定に基づいて、本人から当該本人のマイナンバーの開示請求がなされた場合には、マイナンバーを提供することができます（ガイドライン第4-3-(2)②C（29頁））。

　また、この個人情報保護法25条は個人情報取扱事業者を対象としているところ、個人情報取扱事業者ではない事業者については、本人からマイナンバーの開示を請求された場合、その請求に応じて本人に対して任意にマイナンバーの提供を行うことが許されるとされています（ガイドラインQ&A5-7）。

　かかるQ&Aの考え方は、上で説明した提供制限を定めたマイナンバー法19条と矛盾するようにも思われますので、その妥当性について疑問の余地があるところではありますが、個人情報取扱事業者の場合は個人情報保護法25条で開示請求できるのに、個人情報取扱事業者でない場合に一切開示請求できないとするのは合理的ではないとして、本人に対する開示を認めるという結論になっているものと思われます。

　したがって、事業者としましては、本人からの開示請求に基づいて、本人に対してマイナンバーを開示することはマイナンバー法違反とはならな

第 2 章　マイナンバーを巡る日常的なトラブル

いものと思われます。

　もっとも、本人からの開示請求がないにもかかわらず、事業者が進んで本人に対して、当該本人のマイナンバーを開示することは、マイナンバー法の19条に反する可能性がありますので、ご注意ください。

＊　＊　＊

★Q4−2★　従業員の家族からマイナンバーの開示請求があった場合の対応

> **Q**　当社の従業員が死亡したところ、その従業員の家族から、生命保険の関係で当該従業員のマイナンバーが必要だが、本人の個人番号カードも通知カードも見あたらずマイナンバーが分からないので教えて欲しいと言われました。教えても問題ないでしょうか？

A　★Q4−1★でも説明しましたように、マイナンバーは、マイナンバー法で限定的に明記された場合以外は提供することはできません。

　したがって、家族からの開示請求であっても開示することはできません。

　ただし、死者のマイナンバーは特定個人情報には該当せず、マイナンバー法19条の提供制限を受けませんので、家族にマイナンバーを教えても問題ありません（ガイドラインQ&A17−5）。

　また、家族としては、マイナンバー付き住民票を取得すれば、家族である従業員のマイナンバーを知ることも可能です。

【解説】

　★Q4−1★は従業員本人から、自己のマイナンバーを教えて欲しいという請求があった場面について説明しましたが、従業員の家族から、従業員

のマイナンバーを教えて欲しいという請求があった場合に会社はどのように対応しなければならないでしょうか。

そもそも、★**Q4-1**★でも説明しましたように、マイナンバーは、マイナンバー法19条各号に限定的に列挙された場合を除いては提供できないとされていますので、本Qのケースのように、家族からの要請であったとしても、従業員のマイナンバーを提供することはできないのが原則です。

ただし、当該従業員が既に死亡しているような場合には、当該従業員のマイナンバーは特定個人情報には該当しませんので、マイナンバー法19条の提供制限も及ばないこととなります。したがって、事業者としては、従業員の家族からの請求に対して、当該従業員のマイナンバーを開示することも可能となります（ガイドラインQ&A17-5）。ただし、この考え方については、マイナンバー法の解釈上疑問の余地があることについては本章の1の★**Q1-8**★において説明したとおりです。

なお、本章の1の★**Q1-7**★で詳しく説明をしていますが、マイナンバーは住民票に記載されることとなっており、住民票の写しは自己のものだけでなく、同一世帯に属する人のものについても取得が可能とされていますので、家族が同一世帯に属する者のマイナンバーを知りたい場合には、その者の住民票を取得するという方法も考えられます。

＊　＊　＊

★Q4-3★ 公的機関からマイナンバーの開示請求があった場合の対応

Q 警察から、捜査のために必要という理由で、当社の従業員のマイナンバーを開示して欲しいとの請求がありました。捜査のためであれば開示しても問題ないでしょうか？

A マイナンバー法19条12号では、「訴訟手続その他の裁判所における手続、裁判の執行、刑事事件の捜査」等が行われる場合には、例外的にマイナンバーを提供することができるとしています。

事業者としては、警察からの請求が、上記の「刑事事件の捜査」に該当するかどうかをよく見極めた上で、開示するか否かを決定する必要があります。

【解説】

マイナンバー法は19条で明記する場合を除いてマイナンバーの提供を制限しているところ、同条12号において「各議院若しくは各議院の委員会若しくは参議院の調査会が国会法若しくは議院における証人の宣誓及び証言等に関する法律第一条の規定により行う審査若しくは調査、訴訟手続その他の裁判所における手続、裁判の執行、刑事事件の捜査、租税に関する法律の規定に基づく犯則事件の調査又は会計検査院の検査が行われるとき、その他政令で定める公益上の必要があるとき」については、マイナンバーの提供が可能である旨明記しています。

これらの場合には、特定個人情報の提供の必要性が大きい一方、不正な情報提供は想定し難いという理由で、マイナンバーの提供が認められているのです。

このように「刑事事件の捜査」の場合にはマイナンバーの提供が可能とされているところ、捜査機関は、通常、捜査関係事項照会という手続に

よって、必要な資料の提供を事業者に対して求めます（刑事訴訟法197②）。このような捜査関係事項照会という手続による場合は、まさに捜査機関による「刑事事件の捜査」といえますので、事業者としてマイナンバーを提供することができます。

他方、捜査関係事項照会という手続ではなく、単なる事情聴取の中で従業員のマイナンバーの提供を求められた場合であっても、それが真実刑事事件の捜査のためということであれば、マイナンバーを提供することができるものと思われますが、刑事事件の捜査とは関係なくマイナンバーの提供を求めてきたような場合であれば、マイナンバー法19条の提供制限を受け、提供できないものと思われます。

したがって、事業者としては、マイナンバーを提供する前に、捜査機関がいかなる理由で従業員のマイナンバーの提供を求めるのかについてきちんと確認し、その上で開示するか否かを決定するようにしてください。

* * *

★Q4-4★ 事業者内部でのマイナンバーの移動

Q 同じ会社の中であれば、従業員のマイナンバーを自由にやりとりしても問題はないでしょうか？

A 同じ会社の中でのマイナンバーの移動であれば第三者に対する「提供」には当たりませんので、マイナンバー法19条の制限を受けることはありません。しかし、その場合であっても、「利用」には該当するので、マイナンバー法9条の定める利用範囲で、かつ、従業員に対して通知した利用目的の範囲内でしか移動できません。

第2章　マイナンバーを巡る日常的なトラブル

【解説】

　マイナンバーの提供については、マイナンバー法19条の制限が設けられているところ、ここでの「提供」とは、法的な人格を超える特定個人情報の移動を意味し、同一法人の内部等の法的な人格を超えない特定個人情報の移動は「提供」ではないとされています（ガイドライン第4-3-(2)②A（25頁））。

　したがって、同じ事業者内でのマイナンバーの移動は提供に当たらず、マイナンバー法19条各号に該当しない場合であっても、情報の移動はできることとなります。

　もっとも、このような同じ事業者内での情報の移動は「提供」には当たりませんが、「利用」に当たるとするのがガイドラインの考え方です（ガイドライン第4-3-(2)②A（25頁））。

　そして、マイナンバーの利用は、既に説明しているように、何でも自由にできるわけではなく、マイナンバー法9条で定めた範囲内でしかできません。

　したがって、同じ事業者内であっても、マイナンバー法9条で定める利用範囲外でマイナンバーを移動させることはできませんので、その点はご注意ください。

　具体的には、例えば、事業者が、その従業員の厚生年金、健康保険の被保険者の資格取得に関する届出を年金事務所、健康保険組合に対して行ったり、給与の源泉徴収票を税務当局へ提出するといった個人番号関係事務を行うために必要であれば、社内でマイナンバーを移動させることも許されることとなりますが、そういった個人番号関係事務とは関係なく移動することは許されないこととなります。

　　　　　　　　　　　＊　　＊　　＊

★Q4−5★ 出向者のマイナンバーの提供

Q 当社の従業員が子会社に出向することとなりました。当社が保管する当該従業員のマイナンバーを当社から直接子会社へ提供しても問題ないでしょうか？

A たとえ子会社に対してであっても、法人格が異なる以上、提供に該当することとなりますので、マイナンバー法19条により提供できません。子会社は改めて当該従業員からマイナンバーを取得してください。

【解説】

★Q4−4★で説明しましたが、マイナンバーの「提供」とは、法的な人格を超えるマイナンバーの移動を指します。

そして、事業者とその子会社は法的には別人格ですので、事業者から子会社へのマイナンバーの移動は「提供」に当たり、マイナンバー法19条各号で定める場合にしかできないことになります。

この点、本Qのように従業員の出向に伴うマイナンバーの提供についてはマイナンバー法19条各号に規定されておりませんので、このような理由ではマイナンバーを提供できないこととなります（ガイドライン第4−3−⑵②A（26頁））。

したがって、事業者がその保管する従業員のマイナンバーを直接出向先の子会社に提供することはできません。

この場合、出向先の子会社は、出向者本人から改めてマイナンバーを取得してください。

＊　＊　＊

第2章　マイナンバーを巡る日常的なトラブル

★Q4-6★　グループ会社の共有データベースにおけるマイナンバーの管理

Q　当社の属する企業グループは、グループ会社全ての人事情報について、共有データベースを作成して保管していますが、マイナンバーについてもこのデータベースの中で保管してもよいのでしょうか？

A　当該従業員の所属している会社のみが当該従業員のマイナンバーを閲覧できるようにアクセス制限をしていれば、共有データベースの中でマイナンバーを保管することも可能ですが、アクセス制限をしておらず、その従業員が所属していない他のグループ会社も当該従業員のマイナンバーを閲覧できるような場合には、他のグループ会社に自社の従業員のマイナンバーを提供していることとなりますので、共有データベースでマイナンバーを保管することはできません。

【解説】

　ある企業のグループ全体で、当該グループに属する会社の全従業員の人事情報のデータベースを作成しているケースがあるのではないかと思います。

　そのような場合に、当該データベースに従業員のマイナンバーを保管することができるかが問題となります。

　この点、ある従業員の所属している会社だけでなく、それ以外の会社も当該従業員のマイナンバーを見ることができる場合には、結局、当該従業員のマイナンバーを他社に提供しているのと同じこととなりますので、マイナンバー法19条の提供制限に反し、共有データベースでのマイナンバーの保管は許されないこととなります。

　他方、ある従業員の所属している会社だけが、当該従業員のマイナン

バーを見ることができるように適切にアクセス制限がなされているような場合には、他社にマイナンバーを提供していることにはなりませんので、共有データベースでマイナンバーを保管することもできます（ガイドライン第4－3－(2)②A（26頁））。

　例えば、X社とY社が同じ企業グループに所属し、人事情報に関する共有データベースを作成しているような場合、X社の従業員Aのマイナンバーについては、X社だけが見ることができ、Y社は見ることできないようにアクセス制限をしておけば、当該データベースの中でマイナンバーを保管することもできることとなります。

　なお、この従業員AがX社からY社に出向をした場合、Aと関係なく、X社やY社がY社のアクセス制限を解除してしまいますと、実質的にはAのマイナンバーをX社がY社に提供したこととなってしまいますので、そのような扱いは許されません。

　ガイドライン上は、従業員本人の意思に基づく操作により出向先に移動させる方法をとれば、従業員自身が新たにマイナンバーを出向先に提供したものとみなすことができるとされ、提供制限に違反しないものと解されるとされています（ガイドライン第4－3－(2)②A（26頁））。

　具体的には、例えば、出向対象となっている従業員A本人がパソコンをクリックするなどの方法でY社のアクセス制限を解除するような方法をとることが想定されているものと思われます。

5 廃棄

★Q5-1★ 保管期間経過後のマイナンバーの保管

Q 当社は、従業員から提出を受けたマイナンバーの記載された扶養控除等（異動）申告書を倉庫で保管していますが、書類の保管期間経過後もすぐには廃棄しないで、倉庫がいっぱいになったら廃棄しようと思います。そのような取扱いは問題ないでしょうか？

A マイナンバーは、マイナンバー法で限定的に明記された事務を行う必要がなくなった場合で、かつ所管法令において定められている保管期間を経過した場合には、できるだけ速やかに廃棄又は削除しなければなりません。

したがって、保管期間経過後、倉庫にまだ余裕があるからといって、倉庫がいっぱいになるまでマイナンバーの保管を継続するという取扱いは許されません。

【解説】
マイナンバーは、マイナンバー法で限定的に明記された事務を処理するために保管されるものであり、それらの事務を行う必要がある場合に限り保管し続けることができます。

また、マイナンバーが記載された書類等については、所管法令によって一定期間保管が義務付けられているものがありますが、これらの書類等に記載されたマイナンバーについては、法令で定められた期間は保管しなけ

ればなりません（ガイドライン第4-3-(3)B（31頁））。

　例えば、本Qの扶養控除等（異動）申告書については、当該申告書の提出期限（毎年最初に給与等の支払いを受ける日の前日まで）の属する年の翌年1月10日の翌日から7年を経過する日まで保管するとされています（所得税法施行規則76の3）。

　したがって、それらの保管期間が経過するまでは、事業者としては、マイナンバーの記載のある書類をそのまま保管しなければなりません。

　他方、それらの事務を処理する必要がなくなった場合で、所管法令において定められている保管期間を経過した場合には、マイナンバーをできるだけ速やかに廃棄又は削除しなければなりません（ガイドライン第4-3-(3)B（31頁））。

　したがって、マイナンバーの記載された書類の保管期間を経過した場合にはできるだけ速やかに書類の廃棄・削除が必要であり、保管している倉庫がいっぱいになるまで保管期間経過後も保管を継続するというような取扱いは許されません。

　ちなみにガイドライン別添安全管理措置によれば、物理的安全管理措置の1つとして、マイナンバーの廃棄・削除に関して、マイナンバーが記載された書類等については、保管期間経過後における廃棄を前提とした手続を定めることが要求されていますが（同②Ed（56頁））、それも、上記のような取扱いを許さない趣旨です。

＊　＊　＊

★Q5-2★　廃棄の時期

Q　マイナンバーの記載された書類について、保管期間を逐一確認し、保管期間が経過した度ごとに廃棄するのはとても面倒です。一定の時期にまとめて保管期間の経過した書類を廃棄するような対応をとることはできませんか？

A　マイナンバーの記載された書類を廃棄する場合、毎年度末にまとめて行う等、マイナンバーの保有に係る安全性及び事務の効率性等を勘案して行うことが許されます。

【解説】
　★Q5-1★で説明したように、マイナンバーの記載された書類の保管期間が経過した場合には、速やかにその書類を廃棄しなければなりません。
　したがって、事業者としては、マイナンバーの記載された各書類について保管期間を確認するとともに、その保管期間が経過した場合には速やかに廃棄することが必要です。
　もっとも、個別の書類について、保管期間が経過する度ごとに廃棄をしていたのでは、事業者として、あまりにも手間がかかってしまいます。
　そこで、「廃棄が必要となってから廃棄作業を行うまでの期間については、毎年度末に廃棄を行う等、個人番号及び特定個人情報の保有に係る安全性及び事務の効率性等を勘案し、事業者において判断してください」とされています（ガイドラインQ&A6-5）。すなわち、マイナンバーの記載された書類を廃棄するにあたっては、毎年度末などにまとめて廃棄作業を行ってもよいとされているのです。
　もっとも、5年に1回や10年に1回、廃棄作業を行うというような取扱いの場合には、廃棄作業を行うまでの期間が長期にわたることとなり、そ

の保有に係る安全性に疑問が生じますし、最早、速やかに廃棄しているとは言えません。したがって、個別具体的な状況によりますが、最低でも1年に1回は廃棄作業を行うようにすることが望ましいものと思われます。

＊　＊　＊

★Q5−3★　保管期間中のマイナンバーの廃棄

Q マイナンバーを記載した書類を保管期間中に誤って廃棄してしまいました。法律上問題はあるでしょうか？

A 保管期間中のマイナンバーが記載された書類を誤って廃棄した場合、マイナンバー法12条の安全管理措置を講じる義務に違反しているとされる可能性があります。また、所管法令による保管義務違反の問題を生じる可能性もあります。

なお、当該マイナンバーを再度使用する必要があるのであれば、改めて従業員からマイナンバーを取り直すことになります。

【解説】

マイナンバー法において、個人番号利用事務等実施者は、マイナンバーの漏えい、滅失又は毀損の防止その他のマイナンバーの適切な管理のために必要な措置を講じることを要求されており（マイナンバー法12）、この規定を受けて、ガイドラインは、事業者がとるべき安全管理措置を具体的に定めています（ガイドライン別添安全管理措置。なお、この安全管理措置の具体的内容については**第4章**で説明をしていますので、そちらをご覧ください）。

このようにマイナンバー法では、「マイナンバーの滅失や毀損」についても必要な措置を講ずることを要求していますので、誤ってマイナンバーの記載された書類を廃棄してしまったというような場合には、この必要な

措置がとられていなかったとして、マイナンバー法12条違反とされる可能性があります。

そして、この規定に違反した場合、特定個人情報保護委員会による勧告を受ける可能性があり（マイナンバー法51①）、この勧告に従わなかった場合には是正命令を受けることとなり（同条②）、更にこの命令にも従わなかった場合には刑事罰を受ける可能性もあります（同法73）。

したがって、事業者としては、今後うっかりとマイナンバーの記載された書類を廃棄してしまうことがないよう、事業者内での管理体制を見直すとともに、従業員に対して、そのようなミスが再び起きないよう教育を行うことが必要となります。

なお、所管法令により一定期間の保管を命じられている書類を保管期間経過前に廃棄してしまった場合には、当該法令違反となる可能性もあります。

また、マイナンバーを記載した書類を誤って廃棄してしまった後、当該従業員のマイナンバーを再び使う必要が生じた場合には、改めて、当該従業員からマイナンバーを取得するしかありません。

＊　＊　＊

★Q5-4★　データの削除

Q　当社では、マイナンバーをシステム上保管していますが、保管期間経過後に、マイナンバーを削除するのではなく、アクセスできないようにするような対応でも問題ないでしょうか？

A　マイナンバーのデータに関して、単にアクセスできないようにして使えなくするだけでは削除には当たりませんので、必ず、データ自体を削除するようにしてください。

なお、データの削除にあたっては、とりあえずアクセスできないようにしておき、年度末等にまとめて削除するという方法を取ることも許されます。

【解説】

　マイナンバーの削除、マイナンバーを取り扱う機器及び電子媒体等の廃棄にあたっては、できるだけ速やかに復元できない手段で廃棄・削除することが要求されています（ガイドライン別添安全管理措置2 Ed（55頁））。ただし、特定個人情報ファイルの中のマイナンバーを削除する場合には、容易に復元できない手段を採用すれば足り、復元不可能な手段までは必要とされていません。

　この「容易に復元できない手段」について、ガイドラインQ&Aは、データ復元用の専用ソフトウェアやプログラム、装置等を用いなければ復元できない場合には、容易に復元できない方法と考えられるとしています（ガイドラインQ&A15-2）。

　この点、コンピュータにはOSの標準機能としてファイルを復元する機能（例えば、windowsの"以前のバージョン"機能など）が備わっており、それにより復元可能な場合は「容易に復元」できると解されるおそれもあります。「容易に復元できない手段」か否かはケース・バイ・ケースで判断する必要がありますが、例えば、そのようなファイルの復元機能をオフに設定したコンピュータで、マイナンバーをエクセルファイルで管理・保管している場合であれば、エクセルファイル上で不要となったマイナンバーを削除して上書き保存することをもって、通常は、「容易に復元できない手段」による削除と考えてよいように思われます。なお、定期的にサーバやシステムのバックアップをとっている場合、一定期間経過後にバックアップデータが自動的に削除される設定にすることも検討することが望まれます。

他方、マイナンバーを削除せずに、単にマイナンバーにアクセスできないようアクセス制御を行うような対応では、削除したと言えないため許されません（ガイドライン Q&A6-10）。

したがって、マイナンバーの保管期間が経過したら、必ず削除するようにしてください。

なお、★**Q5-2**★で説明したように、マイナンバーの廃棄・削除については、1年に1回まとめて行うことも可能です。

そこで、マイナンバーのデータの削除にあたっても、とりあえずはアクセスできないようにしておき、年度末などにまとめて削除するという対応も可能です。

6 委託

★Q6-1★ マイナンバーの取扱いに関する委託契約

Q 現在、当社は従業員の給与等に関する源泉徴収票の作成等の業務を税理士に委託していますが、これに伴って、今後は従業員等のマイナンバーの取扱いも税理士に委託することとなります。この場合、税理士との間の委託契約を新たに結び直さなければいけないのでしょうか。また、委託契約の内容について注意しなければいけない点はあるのでしょうか。

A ガイドラインにおいて、委託者の委託先に対する監督義務の一内容として、委託先との間における委託契約について、一定の内容を規定することが要求されています。

したがって、現在、税理士と締結している委託契約を新たに結び直してガイドラインに規定されている内容を盛り込むようにするか、あるいは、既に締結済みの委託契約とは別にガイドラインで定めた内容を含む覚書を締結するようにしてください。

【解説】

マイナンバー法においては、個人番号利用事務等の全部又は一部の委託をする者は、当該委託に係る個人番号利用事務等において取り扱うマイナンバーの安全管理が図られるよう、委託先に対する必要かつ適切な監督を行わなければなりません（マイナンバー法11）。

この点、ガイドラインにおいては、マイナンバーの取扱いを委託する場

合、委託者は、委託先が、マイナンバー法に基づき委託者自らが果たすべき安全管理措置と同等の措置が講じられるよう必要かつ適切な監督を行わなければならないと定めています（ガイドライン第4－2－(1)①A（19頁））。

そして、この「必要かつ適切な監督」の内容について、ガイドラインは、

① 委託先の適切な選定
② 委託先に安全管理措置を遵守させるために必要な契約の締結
③ 委託先における特定個人情報の取扱状況の把握

が含まれるとしています（ガイドライン第4－2－(1)①B（20頁））。

さらに、このうち、②の必要な契約の内容として、

a 秘密保持義務
b 事業所内からの特定個人情報の持出しの禁止
c 特定個人情報の目的外利用の禁止
d 再委託における条件
e 漏えい事案等が発生した場合の委託先の責任
f 委託契約終了後の特定個人情報の返却又は廃棄
g 従業者に対する監督・教育
h 契約内容の遵守状況について報告を求める規定
i 特定個人情報を取り扱う従業者の明確化
j 委託者が委託先に対して実地の調査を行うことができる規定

が挙げられています。

これらのうち、aからhまでは必ず契約内容として盛り込まなければならず、他方iとjについては盛り込むことが望ましいとされていて、必ずしも盛り込まなくてもよいものとされています。

いずれにしましても、事業者としては、マイナンバーの取扱いを委託するにあたっては、委託先との間の委託契約において、少なくとも上記のaからhまでは盛り込まれるようにしなければなりません。

そして、既に委託契約を締結して業務を委託している委託先との間については、新たに上記の内容を含む委託契約を締結し直すことも考えられますが、それが面倒だということであれば、既存の委託契約はそのままとして、委託先との間で、別途、上記の内容を含むマイナンバーの取扱いに関する覚書を締結することも考えられますので、そのいずれかの方法で対応してください。

もしマイナンバーを委託しようと考えている事業者が上記の内容を含む委託契約や覚書を締結することを拒むような場合には、そのような事業者には絶対にマイナンバーの取扱いを委託しないでください。

そのような事業者はマイナンバーの取扱いについてガイドラインで要求されていることを行わない、いい加減な事業者といえますので、マイナンバーの取扱い自体もいい加減に行う可能性があり、マイナンバーを漏えいする危険性も高いものと思われます。

そして、もし、上記ガイドラインで要求されている事項を含む委託契約を締結しないままマイナンバーの取扱いを委託し、委託先からマイナンバーが漏えいしたような場合には、委託した事業者自身について監督義務違反として、法的な責任を問われる可能性がありますので、くれぐれもご注意ください。

＊　＊　＊

★Q6-2★　マイナンバーの管理状況が不明な委託先に対する対応

Q　当社がマイナンバーの取扱いを委託しようと考えている委託先がマイナンバーをどのように管理するつもりか教えてくれません。どうすればいいでしょうか？
　また、既に委託契約を締結してマイナンバーの取扱いを委託している委託先が実際のマイナンバーの管理状況を教えてくれない場合はどうでしょうか？

A　委託先がどのようにマイナンバーを管理するつもりか教えてくれない場合には、適切な委託先であるかの確認ができませんので、そのような事業者に対してマイナンバーを委託することはしないでください。
　また、既に委託している場合、委託者は、委託先におけるマイナンバーの取扱状況を把握しなければなりませんので、それを教えてくれない委託先については、委託契約を継続することはできません。委託契約を解除してください。

【解説】
　★Q6-1★で説明したように、委託者は、委託先に対する監督義務があり、委託先の適切な選定をする必要があります。
　適切な委託先かどうかについては

① 委託先の設備
② 技術水準
③ 従業者に対する監督・教育の状況
④ その他委託先の経営環境

等について確認することがガイドライン上必要とされています（ガイドライン第 4 − 2 −(1) 1 B（20頁））。

　したがって、これから委託を行おうという場合には、事業者は、委託先となるべき事業者について上記の事項を確認し、当該委託先が、マイナンバー法に基づき委託者自らが果たすべき安全管理措置と同等の措置を講じられるか否かを確認しなければなりません。

　そして、確認した結果、もし、委託先となるべき事業者がこの安全管理措置を講じられないと判断した場合には、そのような事業者に対してマイナンバーの取扱いを委託することはしないでください。

　また、もし、委託先となるべき事業者が自社の設備、技術水準等々について開示してくれない場合には、当該事業者が安全管理措置を講じることができるか否か確認できないわけですので、やはり、マイナンバーの取扱いを委託することはしないでください。

　他方、既にマイナンバーの取扱いを委託している場合ですが、この場合、委託者は委託先との間で★**Q6-1**★で説明したような内容の委託契約を締結しているはずです。

　したがって、委託者としては、委託先に対して、委託契約に基づいて、契約内容の遵守状況について報告を求めることができ（★**Q6-1**★の契約条項 h）、その報告を受けることによって委託先におけるマイナンバーの取扱状況を把握することが可能となります。

　そして、もし、委託者によるマイナンバーの取扱状況の報告要求に対して、委託先が報告を拒絶するような場合には、委託者としてそのまま委託先にマイナンバーの取扱いを委託してもよいのか判断ができませんし、委託契約で定められた報告義務に違反することにもなりますので、上記義務違反を理由として、委託契約を解除して、それ以上マイナンバーの取扱いを委託しないようにしてください。

＊　＊　＊

★Q6−3★ マイナンバーの取扱いが杜撰な委託先に対する対応

Q 当社は社会保険の手続とともに、従業員のマイナンバーの取扱いを社会保険労務士に委託しているのですが、この社会保険労務士がマイナンバーをきちんと管理していないことが判明しました。
　当社としては、どのように対応したらよいでしょうか？

A マイナンバーの委託先におけるマイナンバーの管理状況に問題があることが判明した場合には、直ちに改善を申し入れ、改善がなされるかどうか確認するとともに、もし、改善がなされない場合には、すぐに委託契約を解除してください。

【解説】

　★Q6−2★で説明したように、委託先におけるマイナンバーの管理状況について委託者は確認しなければなりません。
　その結果、委託先が、委託契約で定めた内容を遵守しておらず、マイナンバー法に基づき委託者自らが果たすべき安全管理措置と同等の措置を講じていないことが判明した場合には、直ちに、改善の申入れを行い、現実に改善がなされるかどうかを確認する必要があります。
　もし、速やかに改善がなされない場合には、そのような委託先にはもはやマイナンバーの取扱いを委託することはできませんので、委託先との間の委託契約を解除することとなります。
　他方、委託先における管理状況に問題があることを把握したにもかかわらず、何も対応をしなかったような場合には、委託者の委託先に対する監督義務違反を問われる可能性があります。
　例えば、何も対応をしない間に委託先からマイナンバーが漏えいした場合には、当該委託先はもちろんのこと、委託者についても、監督義務違反

を理由として、漏えいについて法的な責任を負わされる可能性がありますのでご注意ください。

＊　＊　＊

★Q6-4★　マイナンバーの委託契約を解除した後の対応

Q　マイナンバーの取扱いを委託していた事業者との間の委託契約を解除した場合、委託先に提供したマイナンバーはどのようにしたらよいのでしょうか？

A　マイナンバーの取扱いに関する委託契約を解除した以上、委託先に対して提供したマイナンバーの記載された書類や記録された記録媒体については返還してもらうとともに、委託先が複写した書類、複製した記録媒体、その他委託先のシステム上のデータについては廃棄・削除してもらってください。

廃棄・削除が終了したら、委託先に対して、廃棄・削除が終了した旨の証明書の提出を求めてください。

【解説】

★Q6-2★で説明したように、マイナンバーの取扱いを委託した委託先におけるマイナンバーの実際の管理状況が不明であったり、マイナンバー法の要求する安全管理措置を満たしていないと判断した場合には、委託契約を解除することとなりますが、委託契約を解除した場合には、委託者と委託先との間の委託契約は消滅することとなりますので、委託先はそれ以上マイナンバーを保管する法的根拠がなくなります。

したがって、委託者としては、委託先に対して、直ちにマイナンバーの記載された書類や記録された記録媒体を返還するよう要求してください。

また、委託先がマイナンバーの記載された書類を複写したり、記録媒体の複製を作ったり、PCにデータを保存している可能性がありますので、それらについても返還・廃棄・削除を求めてください。

そして、マイナンバーの廃棄・削除の作業を委託した場合には、委託先が確実に廃棄・削除したことについて証明書等により確認することが求められていますので（ガイドライン別添安全管理措置②Ed（55頁））、本Qのように委託先に対して提供した委託者のマイナンバーについて廃棄や削除を要求した場合にも同様に廃棄・削除したことの証明書を求めるべきです。

＊　＊　＊

★Q6-5★　再委託の許諾を求められた場合の対応

Q　当社がマイナンバーの取扱いを委託している委託先が、第三者に取扱いを再委託したいと言ってきました。どのようにすればいいでしょうか？

A　委託者は、委託先を通じて間接的に再委託先を監督する義務がありますので、委託先と同じように、再委託先に対して、マイナンバーの取扱いを委ねても大丈夫かどうかを委託先を通じて確認した上で、再委託を許諾すべきです。もし、それが確認できないようであれば再委託を許諾すべきではありません。

【解説】

委託者は、委託先を監督する義務があり、再委託の場合は、直接的には委託先が再委託先を監督する義務を負います。

もっとも、マイナンバー法上、委託者の委託先に対する監督義務の中には、委託先が再委託先に対して必要かつ適切な監督を行っているかどう

かを監督することも含まれます。すなわち、委託者は、委託先に対する監督義務だけではなく、再委託先に対しても間接的に監督義務を負うこととなるのです（ガイドライン第4-2-(1)②C（21頁））。

したがって、もし、再委託が行われ、その再委託先からマイナンバーが漏えいしたような場合には、当該再委託先や、再委託先を直接監督すべき委託先だけでなく、再委託先を間接的に監督すべき委託者も漏えいによる損害について法的に責任を負わされる可能性があります。

そこで、委託者としては、委託先から再委託の許諾を求められた場合、再委託先が安全管理措置をきちんと講じられるかどうかについて予め確認した上で、再委託を許諾するようにしてください。具体的には、再委託先の設備、技術水準、従業者に対する監督・教育の状況、その他の再委託先の経営環境等について、予め委託先を通じて確認し、問題がないと判断した場合にだけ、再委託を許諾するようにしてください。もし、問題がないかどうか判断できない場合には、再委託を許諾しないようにしてください。

＊　＊　＊

★Q6-6★　クラウドサービスと委託

Q　当社では、システム会社のクラウドサービスを利用して従業員から集めたマイナンバーを保管しようと考えていますが、この場合、当社はシステム会社にマイナンバーの取扱いを委託していることとなり、システム会社に対する監督義務を負うのでしょうか？

A　システム会社がクラウドサービスを提供するに際して、マイナンバーを直接取り扱うような場合には委託に該当しますが、そうでなければ委託には該当しませんので、システム会社を委託先として監督する必要は

ありません。

ただし、その場合には、自社においてマイナンバーを保管していることと同じことになりますので、自社で保管する場合と同様に安全管理措置を講ずる必要があります。

【解説】

マイナンバー制度が開始して、多くのシステム会社が企業におけるマイナンバーを保管するためにクラウドサービスを利用したサービスを提供しています。

では、これらのクラウドサービスを利用した場合、事業者は、マイナンバーの取扱いをシステム会社に委託していることになるのでしょうか。

この点につきましては、クラウドサービスを提供しているシステム会社が契約内容を履行するにあたって、マイナンバーをその内容に含む電子データを取り扱うのかどうかが基準となります（ガイドラインQ&A3-12）。

すなわち、システム会社と事業者との間における契約上、システム会社がマイナンバーをその内容に含む電子データを取り扱わない旨が定められており、適切にアクセス制御が行われている場合には、マイナンバーを委託していることにはならないのに対して、システム会社がマイナンバーをその内容に含む電子データを取り扱う場合には委託に該当することとなります。

そこで、クラウドサービスを利用する場合には、システム会社との間の契約内容をきちんと確認するようにしてください。

もし、委託に該当しない場合には、事業者は、システム会社について、委託先に対するのと同様の監督をする必要はないこととなりますが、事業者が自らマイナンバーを保管していることとなりますので、自ら果たすべき安全管理措置の一環として、システム会社の内部にあるデータについて適切な安全管理措置を講ずる必要があります（ガイドラインQ&A3-13）。

すなわち、システム会社内におけるマイナンバーのデータについて、ガイドライン別添安全管理措置に記載の内容を満たすようにしなければなりませんので、システム会社に対して、そのような対応ができているかどうかを確認するようにしてください。

＊　＊　＊

★Q6-7★　社内便の利用と委託

Q　当社では、社内便を利用して地方の支店の従業員のマイナンバーを本社に送らせようと考えています。このような場合、当社は配送業者に対してマイナンバーの取扱いを委託していることとなるのでしょうか？

A　外部の配送業者は通常配送を依頼されたものの中身については関知しませんので、マイナンバーの取扱いの委託とはなりません。ただし、事業者と配送業者との間でマイナンバーの取扱いについて合意があったような場合は別です。

【解説】

　事業者の中には、支店から本社への書面等の送付にあたって、社内便として配送業者を利用するケースがあると思います。

　では、支店の従業員のマイナンバーを集めて、本社へ送る際に社内便を利用した場合、事業者としては、マイナンバーの取扱いを当該配送業者に委託したことになるのでしょうか。

　この点、配送業者は、通常、配送を依頼されたものの中身の詳細については関知しませんので、事業者と配送業者との間で特にマイナンバーの取扱いについての合意があったような場合を除いて、マイナンバーの委託には該当しないものとされています（ガイドラインQ&A3-14-2）。

したがって、マイナンバーの取扱いについて合意をした場合を除き、事業者は配送業者を委託先として監督する必要はありません。

　この場合、マイナンバーの持出し（マイナンバーに関するファイルを取り扱う情報システムを管理する区域やマイナンバーを取り扱う事務を実施する区域の外へマイナンバーを移動させること）に当たりますので、追跡可能な移送手段を利用する必要があります（ガイドライン別添安全管理措置[2] Ec（55頁））。この点、配送業者を利用してのマイナンバーの送付であれば、通常は追跡可能な移送手段を利用しているということができます。

　なお、同様のことが、マイナンバーの受渡しについてメールのような通信手段を利用する場合にも当てはまります。

　すなわち、メールサービスを提供している通信事業者は、通常、マイナンバーを取り扱っているのではなく、通信手段を提供しているに過ぎませんので、マイナンバーの委託には該当しないこととなります。

　これらの場合、事業者は配送業者や通信事業者を委託先として監督する義務は負いませんが、事業者の内部でマイナンバーを管理しているのと同じことになりますので、安全管理措置を講ずる必要があります。

第3章 マイナンバーを巡る深刻なトラブル

第 3 章　マイナンバーを巡る深刻なトラブル

　事業者がマイナンバーの取扱いを誤った場合、どのようなトラブルが予想されるのでしょうか。ここでは、まず、マイナンバーの取扱いを巡る各種トラブルの類型を簡単に紹介した上で、その中でも特に深刻度が高いと予想されるマイナンバーの漏えいの事例について、詳しく述べることとします。また、漏えいの事例を中心に、これらのトラブルにより事業者等に生じる責任、そして、実際にトラブルが発生した場合に事業者がとるべき対応等についても併せて解説します。

マイナンバーの不正な取扱い

（1）厳格な取扱制限

これまで述べてきたとおり、マイナンバーの取扱いについて、マイナンバー法は極めて厳格な制限を設けています。それらの制限に違反した場合、特定個人情報保護委員会から是正勧告や是正命令を受ける可能性があるほか、悪質なケースでは刑事罰が適用される場合もあります。

（2）不正取得

第1章の4（2）④で述べたように、マイナンバー法はマイナンバーを提供すること自体を原則として禁止し、法律上明記された特定の場面でのみマイナンバーの提供を認める形をとっています（マイナンバー法19）。そのことの裏返しとして、法律上マイナンバーの提供が認められる場面において、提供を受ける側の立場でマイナンバーを取得するケース以外では、マイナンバーの収集・保管が禁止されており、これ以外の場面でマイナンバーの提供を求めること自体も禁止されています（マイナンバー法20、15）。

したがって、必要のない局面でうっかりマイナンバーを取得してしまうと（単にマイナンバーの提示を受けただけであれば収集したことにはなりませんが、写しを受け取ったり、メモしたり、データ入力したりして手元に残る形にするとその時点で収集したことになります）、それだけで法律違反となってしまいますので注意が必要です。

事業者の場合、現在、マイナンバーの収集・保管が認められているのは、基本的に個人番号関係事務の処理のために提供を受ける場面のみ（注）です。したがって、他の目的でマイナンバーを取得することがないよう、

役職員に周知徹底しておかなければなりません。

(注) 事業者が処理する個人番号関係事務は、従業員の給与等に係る源泉徴収票の作成や、株主への配当、外部専門家の報酬等に係る支払調書の作成等に限られるため、企業が広く一般消費者のマイナンバーを収集・保管することは通常ありません。ただし、保険会社や証券会社は、個人番号関係事務としての保険金に係る支払調書や特定口座年間取引報告書の作成の際に、保険契約者や保険金受取人、あるいは口座開設者のマイナンバーを記載する必要がありますので、結果として大量のマイナンバーを収集・保管することになります。

例えば、事業者がサービスを提供する際に、顧客から身分証明書の提示を受け、写しを取って保管することがありますが、顧客から提示された身分証明書が個人番号カードであった場合、マイナンバーが記載された裏面についてはコピーしないよう、予めルール化しておくなどの対応が必要になります。

また、より悪質なケース、すなわち、敢えて不正な方法（詐欺、暴行脅迫、窃盗、不正アクセス等）によりマイナンバーを入手しようとする行為については、懲役刑を含む厳しい刑事罰（マイナンバー法70）が設けられています。さらに、行為者が、事業者の業務に関してこうした行為を行った場合には、両罰規定により、行為者本人のみならず事業者も処罰されることになります（マイナンバー法77①）。これらの刑事罰の詳しい内容については、本章の４（３）を参照してください。

> **参考：個人番号カードの不正取得**
>
> 　マイナンバー制度に類似する制度である住民基本台帳制度において、マイナンバー制度における個人番号カードに相当する住民基本台帳カードに関し、実際に不正取得の事例が発生していますので、簡単に紹介します。
> 　住民基本台帳カードは、公的な身分証明書として機能することから、他人の住民基本台帳カードを入手することで、契約時に本人確認が必要な各種

サービスを当該他人の名義で利用することが可能になります。

　そのため、偽造の運転免許証等を利用して、親族や知人等、他人に成りすまして住民基本台帳カードの発行を受け、これを使って当該他人の名義で借金をしたり、携帯電話の契約をしたりするケースが全国各地で発生しています。

　個人番号カードについても、身分証明書としての利用が想定されていますので、同じように成りすましの目的で不正に取得しようとする者が現れてもおかしくありません。個人番号カードの場合、原則として発行と引き換えに通知カードを返納する必要がありますので、まず通知カードを入手した上で、発行時に別途行われる本人確認手続もクリアしなければなりません。このため、他人に成りすまして個人番号カードの発行を受けることはそこまで容易でないと思われますが、通知カードを紛失、あるいは盗まれるなどした場合には、他人によって個人番号カードが不正に取得されるおそれが生じます。通知カードを受領した後、個人番号カードの発行を受けないまま長期間にわたって通知カードを保管する場合には、その管理につき十分注意する必要があるでしょう。

　また、他人に成りすまそうとする者が、通知カードを紛失した、などと偽ることで、通知カードの返納を行わずに個人番号カードの交付を受けられる可能性もあります。こうした問題が現実に生じるか否かは、本人確認手続がどの程度厳格に行われるかという現場の運用にかかっていると言えそうです。

　なお、偽りその他不正の手段により通知カード又は個人番号カードの交付を受ける行為については、刑事罰（6月以下の懲役又は50万円以下の罰金）が設けられています（マイナンバー法75）。

（3）不正利用

　マイナンバー法上、マイナンバーを利用できる範囲は個人番号利用事務等（個人番号利用事務及び個人番号関係事務）に限られています（マイナンバー法9）。

　それら以外の目的でマイナンバーを利用する行為は、本人の同意の有無

にかかわらず、すべてマイナンバー法に抵触することとなりますので、注意が必要です。例えば、マイナンバーの個人識別機能を利用して、事業者が従業員から取得したマイナンバーを社員ID代わりに使うといったことは、個人番号利用事務等には含まれませんので、目的外利用として違法になります。

　より悪質なマイナンバーの不正利用の態様としては、当該マイナンバーによって特定される個人の名義で各種社会保障の給付申請をするなど、他人のマイナンバーを使って本人のように振る舞う、いわゆる「成りすまし」のケースが想定されます。

　実際、マイナンバーに類似する共通番号制度を導入しているアメリカ（社会保障番号）や韓国（住民登録番号）では、番号の漏洩に伴うなりすまし被害（注）が多発しています。その詳細については、本章の2（5）で説明します。

（注）アメリカでは、2006年〜2008年の3年間で成りすましの被害が1,170万件発生したとの報告もあります。

　しかしながら、**第1章の4（2）①イ**で述べたとおり、マイナンバー法では、番号そのもので身元確認を行うアメリカや韓国の制度とは異なり、マイナンバーを利用して事務処理を行う際は、身元確認書類の提示等による本人確認が必須とされ、マイナンバー単独では不正な利用ができない制度設計が採用されています。したがって、ある人物のマイナンバーのみを入手したとしても、これを使って本人に成りすますことは不可能です。ただし、万一、マイナンバーが身元確認書類とともに不正に入手されてしまった場合には、成りすましを含む不正利用のおそれが格段に高まることになります。

　事業者内部でマイナンバーとともに身元確認書類の原本が保管されているという状況は通常は想定しにくいと思われますが、マイナンバーの提供

を受ける際に身元確認書類の写しを提出してもらい、これを保管する、という取扱いはあり得ます。個人番号の提供を要する手続を郵送で行う場合には、身元確認書類の写しの送付によって本人確認を行うものとされていますので（マイナンバー法施行規則11）、事業者がマイナンバーとともに身元確認書類の写しを漏えいしてしまった場合には、マイナンバーの不正利用をめぐる深刻なトラブルに、漏えい元としての立場で巻き込まれるリスクも皆無ではありません。なお、マイナンバーの漏洩については、本章の2において詳しく解説します。

（4）不正な特定個人情報ファイルの作成

　マイナンバー法は、個人番号利用事務等の処理に必要な場合を除き、特定個人情報ファイル（マイナンバーをその内容に含む個人情報データベース）を作成することを禁止しています（同法28）。

　したがって、事業者内において、個人番号利用事務等の処理と関係のないデータベースに従業員のマイナンバーを入力することは、目的外利用の意図の有無を問わず、マイナンバー法に抵触することになります。

　必要のない場面で特定個人情報ファイルを作成することは、マイナンバーの管理を徒に複雑化させ、マイナンバー漏えいのリスクを増大させることにもつながりますので、マイナンバーの安全管理の見地からも厳に慎むべきでしょう。

> **参考：従業員のプライバシー情報を入力したデータベースの作成が違法とされた事例**
>
> 　企業及びその労働組合が従業員のプライバシーに属する情報を含むデータベースを本人の同意なく作成、保管、使用していたことが、従業員のプライバシー侵害に当たるとして、不法行為に基づく損害賠償が命じられた事例があります。

この事例（東京地裁平成22年10月28日判決・労働判例1017号14頁）は、日本の某航空会社において、会社と労働組合が長期間にわたって同社の客室乗務員の職場内外にわたる個人情報を収集し、これをデータ化した電子ファイルを作成、保管、使用していたというもので、裁判所はそれらの情報の一部が本人の同意なく収集されたプライバシー情報であると指摘した上で、一連の行為が対象者らのプライバシーを侵害する不法行為に当たるとし、慰謝料として原告1人当たり23万円の支払いを要する旨を判示しました。
　マイナンバーもプライバシー情報に当たると考えられますので、特定個人情報ファイルを不正に作成した場合も、上記事例と同様、プライバシー侵害の問題が生じる可能性があります。

(5) 廃棄漏れ

　前記のとおり、マイナンバーの収集・保管は個人番号利用事務等の処理のために必要な範囲においてのみ認められています（マイナンバー法20）。したがって、個人番号利用事務等の処理に必要がなくなった場合で、かつ、個人番号利用事務等で作成した書類等について所管法令が定める保存期間が経過したときには、事業者はその保管するマイナンバーを可及的速やかに廃棄又は削除しなければなりません。
　これを怠った場合、マイナンバー法20条の違反となるほか、万一、その間に事業者の過失によりマイナンバーが漏えいするなどしたときには、二重の意味で法令違反の問題が生ずるおそれがあります。

2 情報漏えい

（1）概説

　次に最も深刻なトラブルと予想されるマイナンバーの漏えいについて解説します。

　事業者は、収集したマイナンバーやマイナンバーが記録された書類等の管理に関し、その漏えい、滅失等を防止するため、マイナンバーの安全管理措置を講じる必要があります。このマイナンバーの安全管理措置の構築にあたっては、マイナンバーの漏えい事故の原因やその影響を考慮する必要がありますが、これに関しては、日本国内における個人情報漏えいの事例や、国民にID番号を付して情報連携を行う制度を既に導入している外国の事例が参考になります。

　そこで、以下においては、日本国内や外国における情報漏えいの事例を紹介します。

第3章　マイナンバーを巡る深刻なトラブル

（2）日本国内における個人情報の漏えい事故の特徴

日本においても様々な個人情報漏えい事例が発生していますが、発生原因などにおいていくつかの特徴がみられます。

① 情報漏えい件数・情報漏えい人数における業種ごとの分類

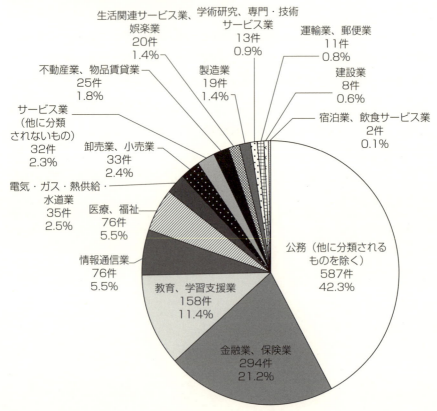

図表3-1　個人情報漏えいの業種別比率（件数）

図表3-2　個人情報漏えいの業種別比率（人数）

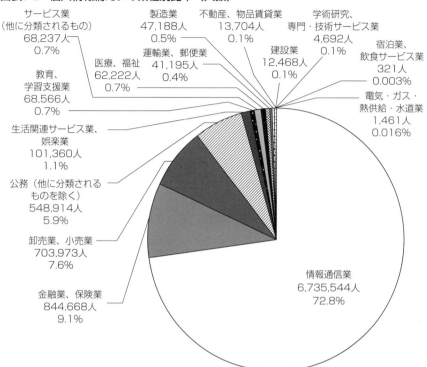

（出所）NPO 日本ネットワークセキュリティ協会　セキュリティ被害調査ワーキンググループ　「JNSA2013年情報セキュリティインシデントに関する調査報告書　〜個人情報漏えい編」5頁及び7頁。

　上記調査は、平成25年1月1日から12月31日までの1年間の間に新聞やインターネットニュースなどで報道された個人情報の漏えいの事故について、漏えいした組織の業種、漏えい人数、漏えい原因、漏えい経路などを調査集計したものです。この結果からは、個人情報漏えい件数は、公務、金融業・保険業、教育・学習支援業が全体の7割以上を占めていますが、個人情報漏えい人数でみると、情報通信業が全体の7割以上と圧倒的に多く、以下金融業・保険業、卸売・小売業と続いています。このような統計上の差異が生じる理由としては、業種により一度に取り扱う個人情報量に

第3章 マイナンバーを巡る深刻なトラブル

差があるためと考えられています。

　もっとも、1回当たりの個人情報漏えい人数に差異はありますが、現時点においてもほぼすべての業種において個人情報漏えい事件の報告があります。今後事業者はその業種・規模等にかかわらず、マイナンバーを取り扱うこととなりますので、マイナンバー法の施行に伴い、全ての事業者はマイナンバーを含む個人情報漏えいのリスクにさらされているといえるでしょう。

………② **個人情報漏えい原因の分類**

図表3-3　個人情報漏えいの原因比率（件数）

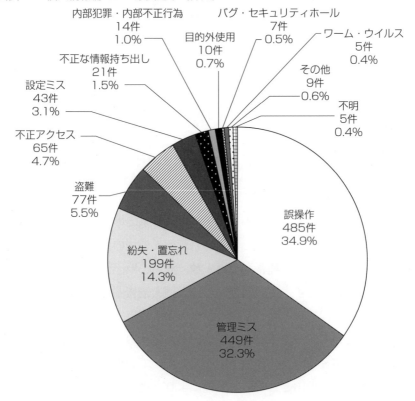

2 情報漏えい

図表3-4　個人情報漏えいの原因比率（人数）

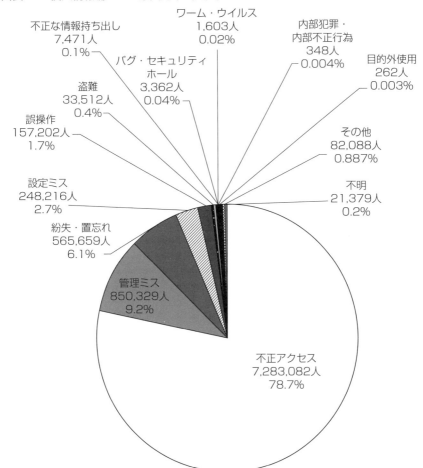

（出典）NPO 日本ネットワークセキュリティ協会　セキュリティ被害調査ワーキンググループ　「JNSA2013年情報セキュリティインシデントに関する調査報告書　～個人情報漏えい編」12頁及び14頁。

　上記調査結果からは、漏えい件数からみた個人情報漏えいの原因としては、誤操作、管理ミス、紛失・置忘れといったヒューマンエラーに起因するものが全体の8割を占めていますが、漏えい人数からみた個人情報漏え

い原因としては、不正アクセスが8割弱と圧倒的上位を占めており、管理ミスがこれに続いています。不正アクセスにより多くの個人情報が漏えいしている理由としては、パスワードリスト攻撃と呼ばれる、悪意を持つ第三者が、他のサービスやシステムから流出したIDとパスワードを利用してWebサイトにアクセスを試み、結果として利用者のアカウントで不正にログインするという攻撃手法が、近時頻繁に見られるためだと考えられています。不正アクセスは悪意ある人間がデータベース等を対象に行うため、件数は少ないものの、1回の事故で多くの個人情報が漏えいしています。

………③ 個人情報漏えい媒体・経路と業種ごとの関係

漏えい人数ごとに見た漏えい媒体・経路については、インターネットが8割と圧倒的多数を占めていますが、紙媒体、USB等可搬記録媒体がこれに続いています。

漏えい媒体・経路を業種別に見た場合、いずれの業種も紙媒体による漏えいが発生していますが、前掲調査報告書によると、業種ごとに以下の様な特徴がみられます。

①公務、金融・保険業、電気・ガス・熱供給・水道業、宿泊業・飲食サービスにおいて、紙媒体による漏えい比率が高い。

②情報通信業・卸売業・小売業、生活関連サービス業・娯楽業、製造業、学術研修・専門・技術サービス業はインターネットによる漏えい比率が高い。

③教育学習支援、医療・福祉、建設業は、USB等可搬記録媒体による比率が高い。

図表3-5　個人情報漏えいの媒体・経路（人数）

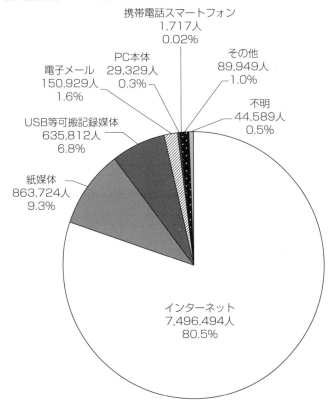

（出典）NPO日本ネットワークセキュリティ協会　セキュリティ被害調査ワーキンググループ　「JNSA2013年情報セキュリティインシデントに関する調査報告書　〜個人情報漏えい編」21頁

（3）原因別にみた国内における個人情報漏えいの具体例

次に、国内における個人情報漏えいの具体的事例について、漏えい原因別に見てみます。

………① **主にヒューマンエラーに起因する情報漏えい**

　ア　誤操作

　　a．bccの操作ミス

・事故の概要

　平成26年4月、ある事業者が実施したスマートフォンアプリプレゼントキャンペーン当選者に対し、その事業者のWebサイト運営管理受託会社がメールを配信した際、本来bccにて配信するところ、誤って宛先欄に全てのメールアドレスを表示させて送信した事例。

・被害状況

漏えいした個人情報の数	127人分
漏えいした個人情報の種類	メールアドレス

b．添付ファイルミス

・事故の概要

　平成26年12月、テーマパーク運営会社が、テーマパークの予約者に対し、公演時間訂正のための連絡をメールで一斉送信した際に、誤って当月の予約者全員の氏名等のリストを添付ファイルとして送信した事例。

・被害状況

漏えいした個人情報の数	248人分
漏えいした個人情報の種類	氏名、電話番号、メールアドレス、購入プラン名、予約番号等

c．漏えい原因と特徴

　メールは業務連絡のため日常的に使用されるツールですが、誤操作による情報漏えいがしばしば発生しています。cc/bccの操作ミスや添付ファイルミスなどはその典型例であり、多くは送信者の不注意や操作の不慣れにより生じています。

イ　管理ミス
　　a．事故の概要
　　　　平成19年1月、電気通信事業者が顧客情報の一部を記録した光磁気ディスクを作成しましたが、その後、そのディスクが所定の保管場所に保管されておらず、紛失したことが判明した事件。なお、この光磁気ディスクは、廃棄された可能性が高いとされました。
　　b．被害状況

漏えいした個人情報の数	22万4183人分
漏えいした個人情報の種類	氏名、住所、電話番号等

　　c．漏えい原因と特徴
　　　　事業者の保有する個人情報について、事業者内あるいは個人情報の管理委託先において所在不明になったり誤廃棄したりする管理ミスもしばしば発生しています。管理ミスは、個人情報の安全管理措置の不備・不徹底がその一因といえます。
　　d．損害等
　　　　本件情報漏えいに関し、電気通信事業者は、総務省から個人情報保護法34条1項に基づき、個人データの安全管理のための措置及び委託先への監督を徹底するよう勧告を受けています。

ウ　紛失・置忘れ
　　a．事故の概要
　　　　平成26年5月、従業員が電車で移動中に業務用ノートパソコンを入れた紙袋を電車内に置き忘れてしまい、紛失した事例。この業務用ノートパソコンは後日回収されました。
　　b．被害状況
　　　　業務用ノートパソコンには、取引先企業に関する情報（発注情報、

取引先企業の担当者情報、価格、販売実績等）が記録されていましたが、紛失してから回収されるまでの間に、第三者が複数回ノートパソコンにログインした形跡があり、業務用ノートパソコン内の顧客情報を閲覧された可能性が確認されました。

c．漏えい原因と特徴

　本件のような紛失・置忘れについては、情報を取り扱う個人の資質によるところが大きいため、紛失・置忘れ自体の予防策を具体的に取ることは他の場合に比較して難しいと考えられています。このため、情報漏えいの防止のためには、ログイン時のパスワード設定、データの暗号化といった、紛失・置忘れが一定程度発生することを前提とした対策が必要になります。

　本件でも、業務用ノートパソコンについて、スリープからの復旧時にはパスワード入力を求めるというOS設定によるセキュリティ対策を講じていました。しかし、パソコン内に保存されているデータ暗号化のソフトウェアの不具合により、このOS設定が書き換えられ無効化していたことが判明しています。このため、第三者がパスワード入力を求められることなく業務用ノートパソコンにログイン可能となっていました。

エ　不正な情報持ち出し

a．事故の概要

　平成26年4月、ある病院で、内部規則により個人情報の暗号化及び院外持ち出し禁止を定めていたが、病院職員がこれに違反して患者の診察情報を記録したUSBメモリーを外部へ持ち出し、紛失してしまった事例。

b．被害状況

漏えいした個人情報の数	33人分
漏えいした個人情報の種類	ID・氏名・性別・手術日・腫瘍の大きさ・検査データ

　c．漏えい原因と特徴

　　病院においては患者の受診情報など秘匿性の高い情報を取り扱うことが多いため、個人情報の漏えいリスクは非常に高いといえます。前掲の調査報告書でも明らかになっているように、医療関係においてはUSB等可搬記録媒体からの情報漏えいが多くなっており、本件はその典型例といえます。本件では、USBメモリーにはパスワード設定がなされておらず、また、個人情報の暗号化もされていませんでした。USBメモリーは小さく盗難、紛失等のリスクが高い媒体ですので、その取扱いには細心の注意が必要になります。

オ　設定ミス

　a．事故の概要

　　平成14年4月、エステティック事業者が自社Webサイトのサーバ移設作業を専門業者に委託したところ、その専門業者が、顧客の個人情報について、電子ファイルをWebサーバの公開領域に置きながら、アクセス制限の設定をしなかったために、外部から閲覧できる状態になってしまい、情報が漏えいした事例。

　b．被害状況

漏えいした個人情報の数	約5万人分
漏えいした個人情報の種類	氏名、住所、電話番号、メールアドレスといった基本情報に加えて、関心を持ったエステティックコース名、アンケートの内容等

c．漏えい原因と特徴

　本件は、サーバ移設作業中のアクセス制限の設定ミスにより情報が漏えいしたものです。漏えいした情報はファイル交換ソフト（Winny）によって広く拡散し、多数のパソコンユーザーのハードディスク内に格納されてしまったため、漏えい情報を全て回収・消去することは事実上不可能となりました。加えて、漏えいした情報にエステティックに関する個人の興味・関心といった秘匿性が高いと考えられる情報が含まれていたこともあり、情報が流出した個人に対し、ダイレクトメールや迷惑メールが送付されたり、いたずら電話がかかったりする事態となり、被害が深刻化しました。

d．損害等

　サーバ移設作業を委託したエステティック事業者に対しては、後日、被害者から複数の損害賠償請求訴訟が提起されました。裁判所はエステティック事業者に対し、使用者責任に基づき、二次被害の出た被害者1名当たり慰謝料として3万円、弁護士費用として5,000円相当の支払いを命じる判決を言い渡しました（後記4（1）③の裁判例）。

……② **主に外部の第三者による意図的な攻撃に起因する情報漏えい**

ア　不正アクセスによる情報漏えい

a．事故の概要

　平成26年4月に、ある事業者の製品利用者向け会員Webサイトに対し、不特定多数のIPアドレスから断続的・機械的な不正ログインを試行していることが判明した事件。

b．被害状況

不正ログイン試行回数	合計460万件
うち不正ログイン成功件数	78,361件
不正に閲覧された個人情報	自社HPに登録された氏名、住所、性別、生年月日、ログインID、メールアドレス、ニックネーム等

　c．漏えい原因と特徴

　　本件では、問題となったWebサイトへのログインに際し、機械的なログイン試行を防ぐ仕組み（例えば、ログインに際し、目で見た文字を入力させる画像認識機能など）がなかったために攻撃対象として狙われた可能性があるとされています。現在、様々なサービス・システムでIDとパスワードによる認証を行いますが、個人が複数のIDとパスワードを記憶することが困難なため、異なるサービス・システムで同じIDとパスワードを使い回すという現象が起きます。このため、例えば、A社のサイトから不正に入手したIDとパスワードで他社のサービスのログインを試みるというパスワードリスト攻撃が近年目立つようになっています。本件でも、不正ログイン試行に使用されたログインIDの中には、問題となったWebサイトでの登録がない架空のものが多数含まれていたため、不正ログインについては他社サービスから流出した多数のIDとパスワードを利用していた可能性が高いと考えられています。

イ　ワーム・ウィルスによる情報漏えい
　a．事故の概要
　　平成27年5月に、ウィルスが添付された電子メールを日本年金機構の職員が誤って開封してしまい、ウィルスに感染した情報端末から日本年金機構が有する個人情報が流出した事件。
　b．被害状況

漏えいした個人情報の種類	件数
基礎年金番号及び氏名	約3.1万件
基礎年金番号、氏名及び生年月日	約116.7万件
基礎年金番号、氏名、生年月日及び住所	約5.2万件
合計	約125万件

c．漏えい原因と特徴

　日本年金機構では、国民の年金に関する情報は、一般業務やメール、インターネット閲覧など外部通信可能な情報系システムから分離された基幹系システム内で管理していました。しかし、本来基幹系システム内で管理されている情報が、業務の必要を理由に情報系システムに複製されたため、第三者からの攻撃により流出してしまいました。

　本件の特徴は、特定の組織や人を攻撃対象とする標的型サイバー攻撃と呼ばれる巧妙な手口による不正行為が原因となっていることです。標的型サイバー攻撃は、国内では従前より発生報告がありましたが、平成23年に大手企業や衆参両議院の被害が報道されて以降関心を集めています。

　標的型サイバー攻撃とは、受信した事業者・公共団体等の職員の興味・関心を引く内容のメールを送信し、これに添付したファイルを開封させることによりウィルス感染させるものであり、初めからある特定の組織をターゲットとして狙い撃ちする攻撃方法です。メールの送信元は、受信者に関係のある実在の発信元を詐称するケースが増えています。このような標的型メールは、繰り返し似たような内容のものが届くスパムメールとは異なり、一律にフィルタリングすることは困難とされています。

　添付されるファイルは①zip圧縮ファイル形式、②データ形式に偽造された実行ファイル形式、③データ形式ファイルの中にソフト

ウェアの脆弱性を悪用するウィルスを埋めこむ形式、④ショートカット形式などであり、いずれも一見してウィルスとは判明し難い形式であるために、業務に関連するメールと誤って職員が開封してしまう可能性が高いのです。また、これらのウィルスはウィルス対策ソフトによって検知されないように設計されています。

今回の標的型サイバー攻撃にあたっては、ある日本企業のサーバが遠隔操作用サーバ（C&Cサーバ）として利用されており、攻撃元の隠ぺい工作も行われていました。

一旦このようなウィルスに感染すると、職員が気づかぬうちにIDやパスワードを収集し、他のパソコンへの感染を広げていきます。本件でも、ウィルス感染の発見の端緒は内閣サイバーセキュリティセンターからの指摘であったとされており、従来行われている一般的なセキュリティ対策では、このような標的型サイバー攻撃を受けたことに自主的に気がつくことも困難です。

d．損害等

日本年金機構は、年金番号が漏えいした個人に対し謝罪文を送付しましたが、これに約1億円強を要したとされています。今後、漏えいした年金番号は変更された上で各個人に通知されるほか、システム改修も行われることから、本件による損害がさらに膨らむことが予想されています。

……③ 内部者（業務委託先を含めた従業員・派遣社員等）の意図的な不正行為による情報漏えい

ア　業務委託先における不正行為

a．事故の概要

平成26年7月、教育関係事業者が顧客情報データベースの運用を他の会社に委託していたところ、その会社の従業員が、担当業務の

ために付与されていたアクセス権限を利用してデータベースにアクセスし、自己のスマートフォンに顧客情報をコピーして持ち出した上、これを名簿業者に売却したことが発覚した事件。

b．被害状況

漏えいした個人情報	合計約2,895万件
漏えいした個人情報の種類	郵便番号、氏名、住所、電話番号、生年月日、性別等

c．漏えい原因と特徴

　本件は民間事業者の個人情報漏えい事件としては過去最大規模のものであったため、社会に大きな衝撃を与えました。この事件の責任をとって教育関係事業者の取締役2名が引責辞任に追い込まれています。漏えいした個人情報は複数の名簿業者に転売されて広く拡散し、他の事業者がこれをダイレクトメールの発送に使用していたことも判明しています。

　本件では、データベース運用委託先の会社において、許可なく社内PC内のデータを外部メディアに書出しすることは禁止されており、運用上もそのような書出し制御機能設定がなされていました。しかしながら、この書出し制御機能のバージョンアップに際し、特定の新機種のスマートフォンを含めた一部外部メディアへの書出しについては、書出し制御機能が機能しない状態となっており、このセキュリティ対策の脆弱性を突かれた形になりました。また、データベース運用委託先の会社において、従業員に対するデータベースへのアクセス権限付与が適切にコントロールされていなかったという問題点も指摘されています。

d．損害等

　教育関係事業者は、情報が漏えいした個人に対し、一件当たり

500円、総額約200億円に上る損害賠償を行いました。そして、情報セキュリティ対策費用を含め特別損失260億円を計上した結果、通期業績が赤字に転落しています。また、経済産業省は教育関係事業者に対し、個人情報保護法34条1項に基づき、法違反行為の是正のために必要な措置をとること及び個人情報の漏えい再発防止を徹底するよう勧告しています。

イ　退職者による不正行為

 a．概要

  平成15年から平成16年にかけて、インターネットサービスに登録している加入者の個人情報に業務遂行上アクセス権限のあるインターネットサービス事業者の従業員が、既に同社を退職しているにもかかわらず、アクセスのためのID等がそのまま有効になっていたため外部者にこれを開示し、外部者がそれにより登録者の個人情報にアクセスし情報を取り出した事件。本件は、情報を取り出した外部者がインターネットサービス事業者に対し、漏えいした個人情報と引き換えに金銭を要求したため、恐喝未遂として逮捕されるという刑事事件にまで発展しました。

 b．被害状況

漏えいした個人情報	合計約450万件
漏えいした個人情報の種類	氏名、住所、メールアドレス等

 c．漏えい原因と特徴

  本件においては、顧客データベースにリモートアクセスが可能となっていましたが、ユーザー名とパスワード認証以外ではリモートアクセスを制御していませんでした。また、一旦アクセス権限を与えた従業員の退社後も、その従業員に与えたアカウントの削除等を

行っておらず、登録されたユーザー名についても、定期的なパスワードの変更などを行っていない等、リモートアクセスのためのユーザー名及びパスワードの管理がずさんであったことが情報漏えいの原因となっています。

d．損害等

インターネットサービス事業者は、情報漏えいしていない加入者も含め1人当たり500円の金券配布をして事態の鎮静化に努めましたが、その後インサーネットサービス会員から損害賠償請求訴訟を提起されました。裁判所は、当該会社に対し、会員の個人情報の適切な管理を怠った過失があるとして、損害賠償として1人当たり5,500円の支払いを命じました（大阪高裁平成19年6月21日判決・ウェストロー・ジャパン登載）。

(3) 海外における情報漏えい

次に、国外の事例として、米国及び韓国における国民IDの情報漏えいについて制度概要とその特色をみてみます。

………① **米国における社会保障番号（SSN）の漏えい事故**

ア　社会保障番号（SSN）とは

米国では、社会保障番号（SSN）と呼ばれる番号制度があります。SSNは社会保障庁により管理され、内国歳入庁や州政府との間で納税等に関する情報の共有が行われています。SSNの取得は任意ですが、納税・年金受給の他、銀行口座の開設等広い場面においてその提示が求められるため、事実上国民のIDとして機能しています。

イ　SSN漏えい事故の特色

マイナンバー制度における情報セキュリティに関する研究によると

(注)、SSNの漏えい事故の内容は様々ですが、発生場所は発行元である自治体が少ないのに対し、大学・企業が全体の大きな割合を占めているとされています。また、漏えい手法についてはパソコンの盗難、対策の不備といったものが全体としては多いものの、ハッキングが相当程度の割合に上っている点に特徴があり、この中には、次に紹介する事例のように技術的に相当高度なものが含まれています。

(注) 共通番号（マイナンバー）制度における情報セキュリティー民間利用におけるリスク評価－　新山剛司・北寿郎　ITEC Working Paper Series 14-3

ウ　米国におけるSSN漏えい事故

a．事故の概要（ハッキングによる特徴的な漏えい事例）

平成25年頃、米国の大手データ仲介業者3社のデータベースサーバがハッキングされ、これらのデータベースサーバからSSNや生年月日、クレジットカード情報等が漏洩した事例。

b．被害状況

400万人以上の米国人のSSNと生年月日などが不正に流出し、これらが仮想通貨により多数のユーザーに売買されていました。

c．漏えい原因と特徴

本件では、大手データ仲介業者のデータベースサーバがボットと呼ばれる不正プログラムに感染させられていました。ボットは、ボットを遠隔操作するC&Cサーバからの指令に応じてデータベース内の情報を収集・外部へ送信します。データベースサーバから漏えいしたSSNを含んだ個人情報は別のデータベースに蓄積され、米国で個人情報を違法に売買するSSNDOBというサイトにおいて、仮想通貨（Bitcoin, WebMoney）により多くのユーザーに販売されていました。今回使用された不正プログラムは、市場に出ている多くのウィルス対策ソフトでも検知されなかったようです。本件は漏え

い元が信頼性の高い事業者のデータベースであったことや、最新のハッキング技術が用いられたこと、仮想通貨が用いられたこと等から米国内において大きな反響を呼びました。

……② **韓国における住民登録番号の漏えい事故**
ア　住民登録番号とは

韓国においては、住民登録番号と呼ばれる国民IDが存在します。住民登録番号は、地方自治体の長が住民に対し個別に与える番号です。住民登録番号は、既に多種多様な公的書類の申請等の公的な目的を初め、銀行口座の開設等民間企業のサービス提供にも利用されています。

イ　住民登録番号漏えい事故の特色

前掲のマイナンバー制度における情報セキュリティに関する研究によると、住民登録番号の漏えい事故の内容は様々ですが、発生場所は米国と同様に発行元である自治体が少ないのに対し、企業が全体の大きな割合を占めているとされています。また、漏えい手法についてはハッキングやID詐称が全体の多くの割合を占めており、米国と同様に、次のウa．に示すような高度な技術を用いたオンラインでの漏えいが問題となっています。

ウ　韓国における住民登録番号漏えい事故例
　a．不正アクセスによる情報漏えい
　　・事故の概要

平成23年頃より、オンラインゲームで知り合ったハッカーからユーザー名や住民登録番号を入手し、これを使って他人のゲームアカウントへの侵入を繰り返し、ゲーム内通貨を不正取得してい

た事例。
- 被害状況

  約2,700万人の個人情報が流出しました。
- 漏えい原因と特徴

  本件では、ハッカーはチケット販売等のWebサイトから登録ユーザーの氏名や住民登録番号等を盗み出しており、オンラインゲームを通じて知り合った容疑者に情報を渡しました。容疑者はハッカーからの情報により他人のゲームアカウントへの侵入を繰り返し、ゲーム内通貨を不正取得し換金の上、その一部をハッカーに還流させていたようです。本件では平成26年に16名が警察当局に逮捕されています。

b．内部者（業務委託先を含めた従業員・派遣社員等）の意図的な不正行為による情報漏えい
- 事故の概要

  平成26年1月、大手カード会社3社のカード不正使用防止システム構築を行った民間信用会社の従業員が、カード不正使用防止システム改善作業用としてカード会社から借用した個人情報をUSBメモリーに複製し、転売した事例。
- 被害状況

  延べ1億人強の個人情報（住所・氏名、住民登録番号、銀行口座番号、クレジットカード番号等）が流出しました。
- 漏えい原因及び特徴

  本件は韓国内でも最大規模の個人情報流出事件であり、クレジットカード会社に対する集団訴訟が提起されるなど、大きな社会問題となりました。内部者の意図的行為による情報漏えいは漏えい規模が大きくなりやすいことをよく示していると言えます。

  本件では、個人情報を委託会社に渡す際に暗号化すべきとこ

ろ、これを行わず生データをそのまま渡したカード会社があり、そのカード会社の情報が USB メモリーに転写され外部に漏えいしてしまったとされています。

（4）個人情報漏えい事例から予想されるマイナンバー漏えいルート

　これまで見てきた国内外における個人情報漏えい事例からみた場合、今後予想されるマイナンバーの漏えい原因としては①誤操作、管理ミス、紛失・置忘れといったヒューマンエラーによる情報漏えい、②不正アクセスなど第三者の意図的攻撃による情報漏えい、③内部者の不正行為による情報漏えいが挙げられます。

………① ヒューマンエラーによる情報漏えい

　これまで見てきたように情報漏えいには、何らかのヒューマンエラーが介在するケースが多いといえ、このことはマイナンバーでも同様です。**第1章の3（3）**で述べたように、マイナンバーは様々な書類に記載され、複数の機関に受け渡されていくことが当初より想定されていますので、単純なヒューマンエラー（例えば、マイナンバーの記載された書類の入った鞄を紛失する等）による漏えいも発生しやすく注意が必要です。また、例えば、従業員のマイナンバーのデータをまとめて委託先の業者へメールで送付しようとして、送付先を誤ったりすることも考えられますし、マイナンバーのデータの入った USB メモリーを紛失してしまうということも十分に考えられます。こういったヒューマンエラーによる漏えいを防止するためには、ガイドラインで要求されているようなマイナンバーの安全管理措置を整備するとともに、従業員に対する教育を充実させる必要があります。他方、ヒューマンエラーを完全に防止することは難しい側面がありますので、ヒューマンエラーが起こったとしても情報が漏えいしないように、例えば、マイナンバーのデータを暗号化する等の環境作りも重要になりま

す。

………② 不正アクセスによる情報漏えい

　国内でも不正アクセスなど第三者の意図的行為による情報漏えいは今後も続くものと思われます。そのため、マイナンバーについても、コンピューターによって管理していれば、不正アクセスによって、瞬時に大量に外部に漏えいするリスクは避けられません。そのため、事業者としては、マイナンバーの漏えいを防ぐためには、例えば、不審な通信ログ（外部サーバへの不審な通信ログや、端末からプロキシサーバを経由せず直接外部に向かう通信ログ等）の監視や、不審なログイン兆候（例えば、想定されないアカウントでのログイン、想定されない時間帯でのログイン等）の監視を行い、問題が生じた端末を早期にネットワークから遮断するなど、他の個人情報漏えい防止策と合わせて対策を講じる必要があります。特に、日本年金機構の事件や米国でのSSN漏えい事件でも明らかなとおり、不正アクセスの手法は高度化しており、一般的なセキュリティ対策だけでは不十分であるため、最新の動向に常に留意する必要があります。

………③ 内部者の不正行為による情報漏えい

　件数としては必ずしも多くはないものの、従業員や業務委託先の内部者の不正行為による情報漏えいも依然として存在します。マイナンバーについても、従業員や業務委託先の内部者が不正に持ち出し、第三者へ売却するなどの行為を行うことが十分に想定されます。この場合、管理ミスや紛失といった悪意のないケースに比較すると、内部者の悪意ある行為によるため、漏えいする情報量が多くなることが懸念されます。それゆえ、マイナンバー漏えいルートとして内部者による不正行為も十分想定し、業務委託先の管理を含めて対策を講じる必要があります。

第3章　マイナンバーを巡る深刻なトラブル

　予想されるマイナンバー漏えいルートを踏まえた上でのマイナンバー漏えい防止のための安全管理措置の具体策等については、**第4章**において詳説します。

マイナンバーの漏えいや不正取扱いによって生じる損害

（1）成りすまし被害
……① 成りすましとは

　マイナンバーの漏えいや不正取扱いによって生ずる被害として懸念されているのは、他人のマイナンバーを使って他人に成りすまして不正な利益を得ようとする「成りすまし」の被害です。

　本章の2で述べたとおり、マイナンバーに類似する共通番号制度を導入しているアメリカ（社会保障番号）や韓国（住民登録番号）では、番号の漏えいに伴う成りすまし被害が多発しています。また、日本でも、すでに住民基本台帳カード等の個人情報を利用した成りすましの被害が発生しています。

　日本のマイナンバー制度では、現在のところマイナンバーの利用範囲は限定され、また、マイナンバーを利用して事務処理を行う際には本人確認を行うことが法律で義務付けられているため、成りすまし被害が多発することはないとされています。

……② 成りすましによる損害

　もっとも、今後マイナンバーの利用範囲が拡大し、また本人確認がおざなりになった場合やマイナンバーが身元確認書類とともに不正に入手されてしまった場合には、不正に取得した他人のマイナンバーによって還付金の不正受給がなされるなどの成りすまし被害が発生する可能性があります。

　その場合、マイナンバーの本来の持ち主は、自分こそが還付金の正当な

受給権者であることを証明すれば、還付金を受給することができるため、二重払いを余儀なくされて財産的被害を受けるのは、還付金の支給者である国や地方公共団体になります。

　もっとも、マイナンバーの本来の持ち主にも、自分が還付金の正当な受給権者であることを証明するために、証明書類を整えたり、官公署に何度か足を運んだりといった負担が生じることになります。これらに要する実費、時間的コストは、マイナンバーの本来の持ち主が成りすましによって被る財産的損害であり、事案によっては決して小さいものではありません。

（2）精神的損害
………① 精神的損害とは

　上記のような財産的損害が発生していてもいなくても、マイナンバーが漏えいしたり、不正に取り扱われたりした場合には、そのマイナンバーの持ち主である個人は、自分のマイナンバーが犯罪行為に使われるのではないか、自分のマイナンバーが利用されて他の個人情報も流出したのではないか等様々な不安を抱え、精神的な苦痛を感じることになります。

　個人情報漏えい事案のほとんどで損害として賠償請求されるのは、このような精神的損害すなわち慰謝料です。

………② 精神的損害の額

　顧客の個人情報が流出した事業者では、お詫びとして商品券等を顧客に送付する例があります。**図表3-6**のように500円や1,000円相当の商品券等を送付する例が多いようですが、証券会社の顧客情報が漏えいした件で、1万円相当のギフト券が送付された例もあります。当該事案では、住所、氏名、自宅及び携帯電話番号に加え、性別、生年月日、さらには年収区分や勤務先の情報等の詳細な個人情報が漏えいしており、漏えいした情報が

図表3-6

対応年月	企業名	対象者数	お詫び金額	送付されたお詫び金
平成15年6月	ローソン	560,000	500円	商品券
平成15年8月	アプラス	79,110	1,000円相当	商品券
平成15年11月	ファミリーマート	182,780	1,000円相当	カード*1
平成15年12月	東武鉄道	131,742	5,000円相当	招待券*2
平成16年1月	ソフトバンクBB	4,517,039	500円	金券
平成16年3月	サントリー	75,000	500円	郵便為替
平成16年5月	ツノダ	16,000	500円相当	金券
平成16年6月	コスモ石油	923,239	50マイル分	マイル*3
平成16年7月	DCカード	478,000	500円	商品券
平成17年1月	オリエンタルランド	121,607	500円	金券
平成19年3月	大日本印刷	8,640,000	500円	金券
平成20年4月	サウンドハウス	122,884	1,000円相当	クレジット*4
平成20年6月	アイリスプラザ	28,105	1,000円相当	ポイント
平成21年5月	三菱UFJ証券	49,159	10,000円相当	ギフト券
平成21年8月	アリコジャパン	18,184	10,000円*5	商品券
平成21年8月	アミューズ	148,680	500円相当	クオカード
平成26年9月	ベネッセ	約2895万	500円相当	金券又は寄付

* 1　クオカード、またはファミマ・ポイントを100ポイント
* 2　東武動物公園または東武ワールドスクエア招待券2枚
* 3　ガソリンマイル
* 4　サウンドハウスで利用できるクレジット
* 5　流出のおそれがあるとして注意喚起したが実際には流出していなかった約11万人にも3,000円の商品券

（出所）情報処理学会研究報告「企業・組織における個人情報漏えい事故の補償について－お詫び金に着目した考察－菅原尚志・原田要之助」付録「お詫び金が支払われた事例」より。但し、対象者数1万件未満のものは省略、ベネッセの事例を加筆。

多数の名簿業者等に転売されている等、漏えいした情報の内容、漏えいの範囲が大きかったため、お詫び金額も他のケースに比べて多額になったものと考えられます。

　個人情報流出の被害者が慰謝料請求の裁判を起こした例もあります。例えば、宇治市で住民基本台帳のデータ約22万件が漏えいした事件について住民3名から起こされた損害賠償請求訴訟では、1人当たり1万円の慰謝料と弁護士費用5,000円が認められました。

　マイナンバーが漏えいしたり、不正に取り扱われたりした場合にも、被害者が裁判で慰謝料を請求した場合には、住民基本台帳のデータと同様の損害賠償が認められる可能性が高いといえます。

　ただし、マイナンバーは、住民基本台帳のデータよりも、個人情報として更に重要性が高いものとして、より高額な慰謝料が認められる可能性があります。今後マイナンバーが様々な情報と紐づけられ、その利用範囲が広がって行った場合、マイナンバーの個人情報としての重要性がより高いものと評価される可能性は高くなるでしょう。

　また、漏えいした個人情報を利用して実際に迷惑メール等が送られた場合に、そのことを理由に被害者が一層大きな精神的苦痛を受けたものと認めて慰謝料額を通常より高く認定した裁判例（注）があります。したがって、財産的損害はなくとも、マイナンバーの漏えいや不正取扱いによって迷惑メールや詐欺電話などがあった場合には、慰謝料額は高くなると考えられます。

　（注）東京地裁平成19年2月8日判決・判例タイムズ1262号270頁、後掲154頁。

（3）社会的コスト

　上記（1）②のとおり、成りすましにより還付金の不正受給等があった場合、二重払いによって財産的損害を被るのは国や地方公共団体です。

　また、万一、マイナンバーがウィルス攻撃を受けた国や地方公共団体の

パソコンやサーバー等からネット上に大量に流出した場合、国や地方公共団体は、流出した情報を削除したり、被害者に連絡をしたりする対応に追われることになり、システム改修のコスト等を含め、多額の費用負担を負うことになるでしょう。

このような国や地方公共団体が被る損害や負担は、結局納税者に還ってくることになります。

マイナンバーの漏えいや不正取扱いによる損害は、マイナンバーの持ち主である個人だけではなく、このような国や地方公共団体による損害阻止や損害回復のコストとして社会全体で負うこととなる可能性もあります。

 **事業者が負う責任**

　それでは、次に、従業員がマイナンバーを漏えいしたり、不正に取り扱ったりしてしまった場合に事業者が負う責任についてみてみましょう。
　このような事業者が負う責任としては、被害者への損害賠償責任である民事責任、監督官庁からの勧告や命令等が課される行政上の責任、そして罰金等の刑事罰が科される刑事責任があります。

（１）民事責任
………① 従業員の責任
　従業員がマイナンバーを漏えいしたり、不正に取り扱ったりした場合、その従業員個人は、当然、被害者に対して、損害賠償責任を負います。
　マイナンバーの漏えいは、マイナンバーの持ち主のプライバシー権を侵害するものですし、マイナンバーの不正取扱い等により財産的損害を与えた場合には、財産権の侵害となります。いずれにしても、このような従業員の行為は、他人の権利を侵害するものとして、不法行為（民法709）となり、不法行為に基づく損害賠償責任を負うことになるのです。

………② 使用者責任
　従業員が事業者において管理するマイナンバーを漏えいしたり、不正に取り扱ったりした場合には、上記のとおり従業員が損害賠償責任を負うだけではなく、その事業者も損害賠償責任を負います。事業者が従業員の使用者として負うこの責任を使用者責任といいます（民法715）。
　事業者が使用者責任を負うのは、その従業員の行為が、事業者の事業の

執行について行われた場合です。この「事業の執行について」の要件は、緩やかに解されていて、判例上、従業員の行為が実際には事業の執行について行われたものではなくても、外形からみて職務行為の範囲内であれば「事業の執行について」行われたと認められます。すなわち、従業員がマイナンバーの漏えい等の犯罪行為を行った場合でも、外形からみて職務行為の範囲内であると認められれば、「事業の執行について」行われたものとされて、事業者が責任を負うことになります。

また、使用者（事業者）が従業員の選任及び事業の監督について相当の注意をしたとき、または相当の注意をしても損害の発生を避けられないときは、使用者責任が免除されます（民法715但書）が、事件が発生してしまった以上は監督が足りなかったものとされて、この免除が認められる例はほぼありません。

このように、従業員がマイナンバーに関する不祥事を起こした場合に、事業者が損害賠償責任を免れることは難しいといえます。

また、事業者はこのように被害者に対する損害賠償責任を負うだけではなく、事実の調査、流出したマイナンバー等の情報の回収、マスコミ対応等の費用負担も負うこととなり、従業員によるマイナンバーに関する不祥事が発生した場合の事業者の経済的損失は多大なものになる可能性があります。

………③ 委託先の不祥事についての委託元の責任

従業員ではなく、マイナンバーを利用又は管理する業務を委託した先の事業者において、マイナンバーの漏えいや不正取扱いなどの不祥事が発生した場合の責任はどうなるでしょうか。

この場合も、委託先の事業者の従業員及び委託先の事業者自体が不法行為に基づく損害賠償責任を負うことはもちろんです。

さらに、委託元の事業者も、委託先の事業者とともに、不法行為に基づ

く損害賠償責任を負う可能性があります。

　マイナンバー法は、マイナンバーを利用する業務を委託する者は、マイナンバーの安全管理が図られるよう、委託を受けた者に対する必要かつ適切な監督を行わなければならないと定めています（マイナンバー法11）。このことからすると、委託元が法律上求められている委託先の監督を行っていなかったときは、委託先の不祥事によりマイナンバーが漏えいした場合等に、その原因は委託元による委託先の監督が不十分であったことにある、すなわち、委託元の法律義務違反により被害が発生したとして、委託元は不法行為（民法709）による損害賠償義務を負うことになると考えられます。

　また、委託先から個人情報が流出した場合に、委託元と委託先との関係を、事業者と従業員の関係と同様にとらえ、委託元の事業者に使用者責任（民法715）を認めた裁判例もあります。このような考え方からしても、委託先の不祥事について委託元が責任を負わなければならない可能性が高く、委託先の選定は慎重に行う必要があります。

参考：委託先からの個人情報漏えい事案に関する裁判例

（東京地裁平成19年2月8日判決・判例タイムズ1262号270頁）

［事案］エステティックサロンを経営するY社がA社との間でサーバーのレンタル契約を締結してレンタルサーバー上にウェブサイトを開設、A社にホームページの創作と保守を委託した。

　X1～X14の14名（以下「Xら」）は、Y社のウェブサイトで実施された無料体験の募集に応じ、氏名、年齢、住所、電話番号、メールアドレス等の個人情報を入力した。

　これらの個人情報については、A社により第三者のアクセスが拒否される設定がされていた。ところが、ウェブサイトをY社専用のサーバーに移設することとなり、A社がその作業をしていた際、インターネット上の

一般利用者が上記個人情報に自由にアクセスできる状態に置かれたため、上記個人情報が流出し、電子掲示板に内容が転載されたり、迷惑メールやダイレクトメールが送られたりする事態になった。

　Xらは、Y社に対し、不法行為に基づきそれぞれ115万円（慰謝料100万円、弁護士費用15万円）の損害賠償を請求した。

［判旨］使用者責任に基づき1名につき慰謝料3万円、弁護士費用5000円を認容
　ただし、1名（X14）については二次被害がなくY社から3000円の支払いを受けたとして、慰謝料は1万7000円とされた。

［理由］
　① Y社に使用者責任（民法715）を認めた理由
　　民法715条の使用者責任の根拠は、自己の利益のために被用者に事務を処理させる使用者には、被用者の行為によって他人に与えた損害についても責任を負わせるのが公平であること（いわゆる報償責任）に求められることから、使用関係の有無を判断するに当たっては、このような責任の根拠に鑑み、実質的な指揮、監督関係があるかどうかについて決するのが相当と解される。
　　本件ウェブサイトの具体的内容の決定権限や、本件ウェブサイトの最終的な動作確認の権限はY社にあるものとされ、A社は、随時、Y社の担当者に対し、運用に関する報告を行い、障害や不具合が発生した場合には、Y社の担当者との間で原因調査や対応策について協議を行っていたほか、本件ウェブサイト上で収集された個人情報は、すべて1件ごとにY社のパソコンに電子メールで送信されるとともに本件電子ファイルに格納された上でY社のパソコンに転送されることとされ、Y社の担当者において情報の処理漏れがないように確認していたものである。これらの事情に照らすと、Y社は、本件ウェブサイトの管理を主体的に行い、A社に委託したコンテンツの内容の更新、修正作業等についても実質的に指揮、監督していたものということができる。

② 慰謝料額算定の根拠

　本件情報の性質、本件情報流出事故の態様、実際に2次流出あるいは2次被害があること、Xらの本件訴訟の提起の目的がY社の行為の違法性を確認するためにいわゆる名目的な損害賠償を求めるものではなく、精神的な苦痛を慰藉するために損害賠償を求めるものと認められること、本件情報流出事故の発生後、Y社は、謝罪のメールを送信し、全国紙に謝罪の社告を掲載するとともに、データ流出被害対策室及びY顧客情報事故対策室を設置して、2次被害あるいは2次流出の防止のための対策を検討し、発信者情報開示請求訴訟の提起や保全処分事件の申立てをするといった措置をとったことなど、本件に現れた一切の事情を考慮すると、原告らの精神的苦痛を慰藉するには、Y社に対し、X1～X13に1人当たり各3万円の慰藉料の支払を命ずるのが相当である。

　なお、X14については、本件情報流出事故後にいわゆる迷惑メールが送信されたなどといった2次流出あるいは2次被害の主張立証はない上、本件情報流出事故に関して、Y社から3000円の支払を受けたものと認められるから、X14に対する慰藉料は1万7000円とするのが相当である。

（2）行政上の責任

① 特定個人情報保護委員会

　マイナンバーの取扱いに関する監視・監督等の事務を行うため、平成26年1月、内閣府外局の第三者機関として、特定個人情報保護委員会が設置されました。

　特定個人情報保護委員会は、事業者に対して、マイナンバーの取扱い等に関して、指導や助言を行います（マイナンバー法50）。

　また、特定個人情報保護委員会は、マイナンバーの取扱いに関して法令違反があった場合、違反の是正のために必要な措置をとるよう、事業者に対して、必要に応じて、勧告することができます。事業者がこの勧告に従わなかった場合には、勧告に従うよう命令を発することもできます。個人

の重大な権利利益を害するために緊急の必要があるときは、勧告→従わなかったら命令の順ではなく、いきなり命令を発することもできます（マイナンバー法51）。

　特定個人情報保護委員会は、事業者に対して、マイナンバーの取扱いに関し、必要な報告や資料の提出を求め、立入検査をすることもできます（マイナンバー法52）。

………② **個人情報保護法に基づく助言・報告の徴収・勧告の実際**
　個人情報については、平成27年9月改正の個人情報保護法施行までは、個人情報取扱事業者の主務大臣が、個人情報取扱事業者に対して、個人情報の取扱いに関する報告を徴収し、助言し、違反行為があった場合に勧告・命令を発する権限をもっています（個人情報保護法32～34）。
　個人情報保護法が全面施行された平成17年度から平成25年度までの9年間に、主務官庁により、7件の勧告、317件の報告の徴収、2件の助言が行われました。これらは、これまで全体として年を経るごとに減少傾向にあります。また、命令が発出されたことはありません。
　勧告は、必ずしも個人情報流出が大量であったケースで行われているわけではなく、流出の量も含めた事案の重大性、勧告に先だって行われた事業者の報告の内容（事業者の安全管理措置の不備の程度等）等を勘案し、具体的事案の内容によって、その要否が決定されていると考えられます。
　勧告が行われた場合には、主務官庁によって報道発表され、各官庁のHP上でも勧告の対象事業者名、勧告内容等の公表がなされています。平成26年度までに行われた勧告は**図表3-7**のとおりです。

………③ **マイナンバー法に基づく指導、報告の徴収、勧告・命令**
　特定個人情報保護委員会が行う指導や勧告の運用が、これまで個人情報保護法に基づき主務官庁によって行われてきた指導や勧告の運用と大きく

第3章　マイナンバーを巡る深刻なトラブル

図表3-7

名称・勧告日	主務官庁	事案	勧告内容
みちのく銀行 平成17年5月20日	金融庁	顧客情報約128万件（うち個人情報約124万件）が記録されたCD-ROM3枚の紛失	安全管理措置の実効性確保 従業員の監督の徹底
みずほ銀行 平成18年4月25日	金融庁	顧客情報約1,200件（うち個人情報628件）を従業員が不正に持出し、流出	安全管理措置の実効性確保 従業員の監督の徹底
KDDI 平成19年3月9日	総務省	個人情報約22万件が記録されたMO（光磁気ディスク）の紛失	安全管理措置の徹底 委託先の監督の徹底
ソニーファイナンスインターナショナル 平成19年3月30日	経産省	信用情報機関に対して、個人の信用情報24件を本人の同意を得ずに与信審査目的以外の目的で照会して取得し、第三者に提供	違反行為者の特定・類似違反行為の調査・再発防止 従業員の個人データへのアクセスを記録・従業員監視等安全管理措置及び従業員の監督の改善
UFJニコス 平成19年3月30日	経産省	信用情報機関に対して、個人の信用情報673件を本人の同意を得ずに与信審査目的以外の目的で照会して取得し、第三者に提供	安全管理措置及び従業員の監督の改善
三菱UFJ証券 平成21年6月25日	金融庁	個人顧客情報約149万件を従業員が不正に持ち出し、約5万件を第三者に売却	安全管理措置の実効性確保 従業員の監督の徹底
アリコジャパン 平成22年2月24日	金融庁	個人顧客情報約3万件を委託先従業員が不正に持出し	安全管理措置の実効性確保 委託先の監督
ベネッセコーポレーション 平成26年9月26日	経産省	個人顧客情報約2895万件を委託先従業員が不正に持ち出し、第三者に売却	委託先も含めた個人情報保護実施体制の明確化 情報セキュリティ対策の具体化

異なることは考えにくいところです。

したがって、従業員がマイナンバーを漏えいしたり、不正に取り扱ったりといったマイナンバー法違反の疑いがある場合には、事業者に対して、まず特定個人情報保護委員会による報告の徴収や指導が行われ、特に重大な事案等については、勧告がなされるという運用となると考えられます。

また、勧告がなされた場合には、個人情報保護法違反の場合と同様、特定個人情報保護委員会により報道発表がなされ、事業者名や勧告の内容等がHP上で公表されることとなるでしょう。

………④ 個人情報保護法改正による個人情報保護委員会の設置

特定個人情報保護委員会は、平成27年9月の個人情報保護法の改正により、個人情報保護委員会に改組され、個人情報の取扱いに関する監視・監督等の事務も合わせて取り扱うこととなりました。個人情報保護委員会の設置は平成28年1月1日と予定されています。

特定個人情報保護委員会が行うマイナンバー法に基づく行政上の指導や勧告も、これまで主務大臣が行ってきた個人情報保護法に基づく行政上の指導や勧告も、改正個人情報保護法施行後は、個人情報保護委員会が行うこととなります。

(3) 刑事責任

従業員がマイナンバーを漏えいしたり、不正に取り扱ったりした場合、マイナンバー法に違反するものとして、被害者から損害賠償請求を受けたり、行政の指導を受けるだけではなく、刑事責任を問われる可能性があります。

従業員が、事業者の業務に関して違法行為を行った場合には、従業員が刑事罰を受けるだけではなく、その事業者についても、刑事罰が科されることがあります（両罰規定・マイナンバー法77①）。

第3章　マイナンバーを巡る深刻なトラブル

図表3-8

行為	マイナンバー法 法定刑	個人情報保護法 法定刑
正当な理由なく、業務で取り扱う個人の秘密が記録された特定個人情報ファイルを提供	4年以下の懲役 or200万以下の罰金 or 併科（マイナンバー法67）	なし
業務に関して知り得たマイナンバーを自己や第三者の不正な利益を図る目的で提供し、または盗用	3年以下の懲役 or150万以下の罰金 or 併科（マイナンバー法68）	なし 法改正により、個人情報データベースにつき新設 1年以下の懲役 or50万円以下の罰金（改正個人情報保護法83）
人を欺き、暴行を加え、または脅迫することや財物の窃取、施設への侵入、不正アクセス行為等によりマイナンバーを取得	3年以下の懲役 or150万以下の罰金（マイナンバー法70）	なし
特定個人情報保護委員会から命令を受けた者が、委員会の命令に違反	2年以下の懲役 or50万以下の罰金（マイナンバー法73）	6月以下の懲役 or30万以下の罰金（現個人情報保護法56）
特定個人情報保護委員会による検査等に際し、虚偽の報告、虚偽の資料提出、検査拒否、検査妨害等	1年以下の懲役 or50万以下の罰金（マイナンバー法74）	30万以下の罰金（現個人情報保護法57）
偽りその他不正の手段により通知カード又は個人番号カードを取得	6月以下の懲役 or50万以下の罰金（マイナンバー法75）	なし

　図表3-8は、マイナンバー法上及び個人情報保護法上の事業者とその従業員に関連する刑事罰規定を挙げたものです。

　マイナンバー法は、個人情報保護法に比べて刑事罰の種類も多く、法定刑も重くなっています。これまで個人情報保護法に基づき刑事罰が科された例はほぼありませんでした。しかしながら、近時の営利目的での個人情報の不正持出しの事件の発生により、個人情報保護法の刑事罰も法改正により強化されました。

マイナンバーについては、その重要性や流出の懸念が強いこと等から、マイナンバー法違反行為が行われた際には、刑事罰を科すこともためらわない厳しい運用がなされる可能性もあります。

(4) 事実上のリスク（レピュテーションリスク）

　上記のとおり、従業員がマイナンバーを漏えいしたり、不正に取り扱ったりした場合、民事上の損害賠償責任を負い、行政上の指導や勧告を受ける外、刑事罰が科されるおそれもあります。しかし、さらに事業者にとってダメージが大きいのは、マイナンバー法違反を起こした事業者であるという評価を受けてしまうことでしょう。

　マイナンバー法違反を起こしたことが明らかになれば、取引先や消費者から、マイナンバーの管理がずさんで従業員の監督がきちんとなされていないと評価され、その他の機密保持体制や職場管理についても疑念を招いてしまい、大切な機密情報を託せないとして取引先を失ったり、顧客情報の流出をおそれて顧客離れがおこったりするおそれがあります。

　事業者がマイナンバー法違反を起こして一旦信用を失ってしまうと、その回復は容易ではなく、事業者の存立さえ脅かす事態となりかねません。

　このような事態を避けるためにも、マイナンバー法について正しい知識を持ち、適切な取得、管理、利用、廃棄をする必要があります。さらに、万一、マイナンバー法違反が起こった場合には、速やかに適切な対応をとる必要があります。これらの対策、対応については本章の**5**及び**第4章**を参考にしてください。

第3章　マイナンバーを巡る深刻なトラブル

マイナンバーの漏えい事案等が発生した場合の対応

（1）事業者の側における対応
……① ガイドラインで求められる措置

　マイナンバーの漏えいや不正取扱いが発覚した場合、事業者としては何をしなければいけないでしょうか。対応としては色々なことが考えられますが、まずはガイドラインで求められていることを押さえておかねばなりません。

　もともとガイドライン第3-6（12頁）においては、特定個人情報の漏えい事案等が発生した場合の対応については別に定めることとされていましたが、平成27年9月28日に、特定個人情報保護委員会より新たなガイドライン「事業者における特定個人情報の漏えい事案等が発生した場合の対応について」（以下「漏えい事案等対応ガイドライン」といいます）が公表されましたので、まずはこれに沿って説明します。

　漏えい事案等対応ガイドラインでは、事業者は、その取り扱う特定個人情報（委託を受けた者が取り扱うものを含みます）について、漏えい事案その他のマイナンバー法違反の事案又はマイナンバー法違反のおそれのある事案（以下「漏えい事案等」といいます）が発覚した場合には、次の事項について必要な措置を講ずることが望ましいとしています。

〈漏えい事案等が発覚した場合に必要な措置〉

ア	事業者内部における報告、被害の拡大防止
イ	事実関係の調査、原因の究明
ウ	影響範囲の特定

> エ　再発防止策の検討・実施
> オ　影響を受ける可能性のある本人への連絡等
> カ　事実関係、再発防止策等の公表

　なお、「漏えい事案等」には、例えば不正取扱いによるマイナンバー法違反の事案又は違反のおそれのある事案も含まれますが、不正取扱いについては一概に論じにくいため、以下では基本的に漏えい事案を念頭に説明します。

ア　事業者内部における報告、被害の拡大防止

　漏えい事案等対応ガイドラインでは、漏えい事案等が発覚した場合に事業者に必要な措置の１つ目として、

　①　事業者内部における報告
　②　被害の拡大防止

を挙げ、その説明として「責任ある立場の者に直ちに報告するとともに、被害の拡大を防止する。」と記載されています（漏えい事案等対応ガイドライン１(1)）。

　これは正に漏えい事案等が発覚したばかりの段階を念頭に置いた項目です。漏えい事案等と一口に言ってもその原因や態様は様々であるため、抜本的な再発防止策等は事後に検討しなければいけませんが、発覚したばかりの段階では、その発生に気付いた者はまず事業者内部の責任ある立場の者へ報告すべきことは当然です。そのためにも、予め取扱規程等により、漏えい事案等が発覚した場合の適切かつ迅速な報告体制を整備しておくことが必要となります。

　次に、発覚の時点で取り得べき被害の拡大防止策があるのであれば、それを実行して可能な限り被害の拡大を防止しなければなりません。例えば、外部からの不正アクセスや不正プログラムの感染が

疑われる場合には、当該端末等のLANケーブルを抜いてネットワークからの切り離しを行うなどの措置を直ちに行うことなどが考えられます。もっとも、これらの措置を取ったことによってかえって被害を拡大させることがないよう、拡大防止策の実行についても責任者の承認を得た上で行わなければなりません。

イ　事実関係の調査、原因の究明

　漏えい事案等対応ガイドラインでは、必要な措置の2つ目として、
① 　事実関係の調査
② 　原因の究明

を挙げ、「事実関係を調査し、番号法違反又は番号法違反のおそれが把握できた場合には、その原因の究明を行う。」と説明されています（漏えい事案等対応ガイドライン1⑵）。

　言うまでもありませんが、漏えい事案等が発覚した場合、事業者としてはまず真っ先に事実関係の調査を手がけなければいけません。なぜなら事実関係が明らかにならなければ適切な対応をとることはそもそも不可能であり、後に述べる措置のうち、例えば再発防止策の検討や事実関係の公表などは、事実関係が不明のままでは実行のしようもないからです。

a．調査の方法

　事実関係の調査にあたってどのような調査方法を選択するかについては、漏えいの態様や範囲、事業者の規模等によって異なるでしょうが、いかなる事案であってもまずは関係者への聴取が必須となります。特にマイナンバーにおいては安全管理措置の1つとして「事務取扱担当者の明確化」が求められており（ガイドライン別添安全管理措置②Ca（52頁））、事業者内部において取扱う人員が限られているはずですので、事務取扱担当者への聴取が調査の端緒として非常

に重要になることになります。

　その一方、関係資料の分析を行う必要もありますが、昨今の情報管理の実務からすればマイナンバーの管理はほぼ間違いなくデジタルデータ上で行われることになるでしょうから、漏えいの調査にあたってもデジタル・フォレンジック（電磁的記録の証拠保全及び調査・分析を行うとともに、電磁的記録の改ざん・毀損等についての分析・情報収集等を行う一連の科学的調査手法・技術）の活用はもちろんのこと、インターネット上で漏えいが生じてしまった場合には、専門業者による調査も不可欠となると思われます。

b．マイナンバー法違反がある場合

　事実関係の調査により（又は調査以前の段階から）マイナンバー法違反又はそのおそれが把握できた場合には、漏えい事案等の原因の究明にも積極的に取り組む必要があります。

　また、漏えいの規模が大きく社会的な関心が強い場合などには、調査の客観性と独立性を担保するため、社外の人員により構成された調査委員会を組織して調査にあたるべき場合もあるでしょう。本項ではその一例として、個人情報の漏えい事案として大きく報道された㈱ベネッセホールディングス（以下「ベネッセ」といいます）の事案を紹介します。ベネッセでは平成26年7月初めに情報の漏えいが確認されましたが、そこから2週間程度で弁護士等をメンバーとする「個人情報漏えい事故調査委員会」を発足させ、その後2ヶ月程度で調査報告がなされてその概要が公表されています。調査報告の大まかな項目は以下のとおりです。

〈ベネッセ事案の調査報告の項目〉

第1章　序
　調査に至る経緯や調査方法等

> 第2章　調査結果
> 　Ⅰ　事故発生当時の情報セキュリティの状況
> 　Ⅱ　本件個人情報漏えい事実における不正行為等
> 　Ⅲ　不正行為等の原因（不正行為を防げなかったシステムの問題点）
> 　Ⅳ　その他の情報処理システムに関する改善点
> 第3章　再発防止策

※再発防止策の具体的内容は、後記エで紹介します。

ウ　影響範囲の特定

漏えい事案等対応ガイドラインでは、必要な措置の3つ目として、影響範囲の特定を挙げ、前記イで「把握した事実関係による影響の範囲を特定する。」と記載されています（漏えい事案等対応ガイドライン1⑶）。

a．項目化された趣旨

漏えいによる影響の範囲は事実関係の調査の過程で自ずと明らかになってくるとも思われますし、従前、（特定個人情報の適正な取扱いに関する）ガイドラインにおいて「情報漏えい等の事案の発生時」に念頭におくべき対応が記載された箇所（ガイドライン別添安全管理措置②Cd（53頁））では影響範囲の特定について言及されていませんでしたが、今般の漏えい事案等対応ガイドラインにおいて独立した項目として挙げられています。

おそらく、漏えい事案等が重大か否かは影響範囲の広さにかかる部分が大きく、また次に述べる再発防止策を検討するためには影響範囲の特定が必須となることもあって、項目化されたものと思われます。

b．影響範囲を特定する切り口

では影響範囲はどのように特定すべきでしょうか。漏えい事案等対応ガイドラインの本文には特に説明がないため、そのパブリック

コメント手続において筆者がいくつかの切り口を例示して意見照会を行いました。その結果、「『事業者における特定個人情報の漏えい事案等が発生した場合の対応について』に関するQ&A」（以下、「漏えい事案等対応Q&A」といいます）において、漏えい事案の場合につき、

① 漏えいしたマイナンバーの本人の数
② 漏えいした情報の内容
③ 漏えいした手段、漏えいした原因

等を踏まえて、影響範囲を特定することが考えられる旨が明らかにされています（★**Q1-3**★）。

影響範囲を特定するにあたって、まず①漏えいしたマイナンバーの数を特定すべきなのは当然です。漏えい事案等対応ガイドラインが2⑵イにおいて個人情報保護委員会に直ちに報告すべき「重大事案」の基準として、「事案における特定個人情報の本人の数が101人以上である場合」を挙げているように（後記②イ参照）、漏えいしたマイナンバーの数は、事案の重大性を判断する要素となります。

次に、②漏えいした情報の内容ですが、マイナンバー以外の個人情報も漏えいした場合には、その漏えいした個人情報の内容の特定が必要です。マイナンバーそのものは、単なる12桁の番号ですので、それだけでは利用価値はないと考えられますが、氏名や住所等のマイナンバーの持ち主を特定できる個人情報と一緒に漏えいした場合は、**第3章の3（1）**で述べた「成りすまし」に用いられる恐れが出てくるからです。また、所得情報や扶養親族の情報といった他の個人情報と一緒に漏えいした場合には、**第1章の3（2）**で述べたマイナンバーの個人情報の紐づけ機能等によって、個人情報の不正な追跡・突合が行われる危険が飛躍的に高まります。このように、マイナンバー以外の個人情報も漏えいしたのであれば、マイナ

ンバーが不正に用いられ、重大な権利侵害を招く恐れが高いことが当初より明らかになるため、マイナンバーとともに漏えいした個人情報の内容を特定する必要があるのです。

　最後に、③漏えいした手段や漏えいした原因についてです。漏えいの手段や原因は事案により様々かと思われますが、影響範囲の特定にあたり、書面などの限定的な範囲で漏れたのか、それともインターネット上で流出して広く拡散しているのかということは重要なポイントになると思われます。この点については、前記パブリックコメント手続における筆者からの意見照会の中で「漏えいの態様（インターネット上で流出しているか）」という切り口を例示していたところ「御理解の通り」との回答を得られており、また、前記「重大事案」の基準においても、「不特定多数の人が閲覧できる状態になった場合」が挙げられていることからも裏付けられます（漏えい事案等対応ガイドライン2(2)イ）。

　　エ　再発防止策の検討・実施
　漏えい事案等対応ガイドラインでは、必要な措置の4つ目として、再発防止策の検討・実施を挙げ、「（前記イで）究明した原因を踏まえ、再発防止策を検討し、速やかに実施する。」と記載されています（漏えい事案等対応ガイドライン1(4)）。
　　a．再発防止策と安全管理措置
　　一口に再発防止策といっても、その内容は事実関係の調査により究明された原因次第であり、原因に応じて様々なものが考えられるところです。といっても必ずしも複雑に考える必要はなく、漏えいした原因を究明できれば、自ずと再発防止策も浮かび上がってくるものと思われます。なぜなら、漏えいの原因は事業者として求められる安全管理措置のいずれかが不十分であることに起因することが

多いと考えられるところ、求められる安全管理措置の例はもともと（特定個人情報の適正な取扱いに関する）ガイドラインにも記載されているからです（ガイドライン別添安全管理措置）。漏えいの原因が、①組織的、②人的、③物理的、④技術的のいずれの安全管理措置の不備であるかが見極められれば、まずはガイドラインで記載されている事項がしっかり履行されていたかをチェックするのが近道といえるでしょう。

　安全管理措置の具体的内容については後に**第4章**で詳しく述べますが、例えば、漏えいの原因が担当者の知識不足（②人的）であれば、監督と教育が不十分ということで定期的な研修が、また原因が電子媒体等の持出し（③物理的）であれば、パスワード保護の徹底などが再発防止策として考えられるところです。また、原因がシステム設定の不備（④技術的）であれば、専門業者に改善策の検討を依頼することも一案です。

b．ベネッセ事案における再発防止策

　先に触れたベネッセの事案では、主に情報処理のシステムが問題となりましたが、公表された調査報告の概要によれば、様々な再発防止策が提言されています。

　ガイドラインよりも踏み込んだ再発防止策の例として参考になると思いますので、以下では提言された内容をかいつまんで紹介します。

〈ベネッセ事案において提言された再発防止策〉

Ⅰ．システムに関する再発防止策 　1．アラートシステムの設定 　　・全てのサーバと全てのクライアントPCとの間の通信をアラートシステムの対象とする設定変更の実施

- 当該設定の設定対象及び設定手続に関するマニュアル等の作成・周知
2．書出し制御設定
- 書出し制御設定につき、継続的に新しい外部メディアに対応する
- クライアントPCを、外部メディアに一切接続できないものへ仕様変更
3．アクセス権限の管理
- 業務に必要な範囲を超えて個人情報へのアクセス権限を付与せず、また、不要になったアクセス権限を直ちに削除する
- 業務ごとに必要な一定期間有効となるパスワードでアクセス権限を付与
- 定期的にアクセス権限の棚卸しを実施する
4．本件データベース内の情報の管理
- データベース内の情報について、個人情報を細分化し、1つのアクセス権限でアクセスできる個人情報の範囲を限定する
- グルーピングや個人情報の内容区分により、システム上の管理レベルに差を設け、重要性の高い個人情報にアクセスできる機会を必要最小限にする
- データベースには、その主たる機能であるマーケティング分析に必要な情報のみを保存し、必要な範囲を超えて個人情報を保存しない
5．その他の情報処理システムに関する改善点
 (1) 業務委託先の管理及びその担当者に対する審査等
- 個人情報を取扱う業務を委託する場合、実際に担当する者の履歴書を確認し、必要に応じて面談を実施する等、当該担当者の事前審査を行う
- 作業に従事する者に対する行動監視について、内部にて業務に従事する者による不正行為を想定した十分な行動監視体制を構築する
 (2) アクセス・通信ログ等のモニタリング
- システム上のモニタリング
- 抜打ちで従業員のクライアントPCの操作内容を確認する
Ⅱ．組織体制に関する再発防止策

1．内部不正対策の基本方針の策定
　・内部で業務に従事する者の不正行為による個人情報の漏えいに対しても具体的な方針を改めて策定し、これを役職員に周知徹底する
2．組織上の責任の明確化
　・情報セキュリティに関するグループ全体の統括責任者及び部署を設置
　・統括責任者には、情報セキュリティに関する統括を行うことができる十分な資質・経歴を持った人材を任命する
3．監視機能の組織的強化
　・情報漏えいに対する厳しい監視を行う組織を設ける
　・少しの徴候に対してもログを監視し、単なる監視に留まらず、漏えいがないかを積極的に検査する等、実効性の高い監視を行う
4．個人情報に関する組織上の責任の明確化
　・グループにおける業務の全過程において、個人情報の利用・管理に責任を持つ部門（データオーナー）を定め、その権限等を規程上明確にする
　・個人情報の使用を希望する場合、この部門の承認がなければ、グループのいかなる部門においても個人情報を利用できないものとする
5．第三者機関の設置
　・個人情報漏えい事故の再発防止策を含む情報セキュリティ全般について助言・提言すること等を目的として第三者機関を設置する
Ⅲ．役職員の意識及びコーポレート・カルチャーに関する再発防止策
　・役職員の意識改革に努める必要がある
　・ITガバナンスやコーポレート・カルチャーを変革し続ける経営努力が求められる

オ　影響を受ける可能性のある本人への連絡等

　漏えい事案等対応ガイドラインでは、必要な措置の5つ目として、影響を受ける可能性のある本人への連絡等を挙げ、「事案の内容等に応じて、二次被害の防止、類似事案の発生回避等の観点から、事実関係等について、速やかに、本人へ連絡し、又は本人が容易に知り

得る状態に置く。」と説明されています（漏えい事案等対応ガイドライン1⑸）。

a．本人への連絡等は必須か？

　本人への連絡や本人が容易に知り得る状態に置くこと（具体的には、本人がアクセスできるホームページへの掲載や専用窓口の設置による対応などが考えられ、以下本人への連絡と併せて「本人への連絡等」といいます）は常に行うべきでしょうか。従前、個人情報一般においては、例えば個人情報に関する経産分野ガイドラインにおける「『事故又は違反への対処』を実践するために講じることが望まれる手法の例示」（経産分野ガイドライン2-2-3-2（28頁以下））の中の「影響を受ける可能性のある本人への連絡」の項において、「可能な限り本人へ連絡することが望ましい」とされつつも、本人の権利利益が侵害されておらず、今後も権利利益の侵害の可能性がない又は極めて小さいと考えられる場合には、本人への連絡を省略しても構わないものと考えられるとされています。具体的には、以下の場合です。

〈本人への連絡を省略しても構わない場合（経産分野ガイドライン）〉

① 紛失等した個人データを、第三者に見られることなく、速やかに回収したような場合
② 高度な暗号化等の秘匿化が施されている場合
③ 漏えい等をした事業者以外では、特定の個人を識別することができない場合（事業者が所有する個人データと照合することによって、はじめて個人データとなる場合）

　この点、マイナンバー法には本人への連絡を義務付ける規定はないものの、漏えい事案等対応ガイドライン本文には連絡の省略の可否についての記載がないため、パブリックコメント手続において筆

者から意見照会を行っていたところです。その結果、漏えい事案等対応Q&Aにおいて、「例えば、紛失したデータを第三者に見られることなく速やかに回収した場合や高度な暗号化等の秘匿化が施されていて紛失したデータだけでは本人の権利利益が侵害されていないと認められる場合等には、本人への連絡等や公表を省略することも考えられますので、各事業者において事案の内容等を踏まえて判断してください。」として、前記経産分野ガイドラインで列挙された①～③とほぼ同様の場合においては、本人への連絡等が省略できることが明示されました（★**Q1–5**★）。

　もっとも、漏えい事案等対応ガイドラインでは、後に説明する漏えい事案等の報告を要しない場合として「影響を受ける可能性のある本人全てに連絡した場合」を要件の1つとしており、本人への連絡を重視している姿勢も伺えます。また**第1章の3**で述べたようにマイナンバーは強力な個人識別機能と個人情報の紐づけ機能を有しており、これが漏えいした場合、個人情報の不正な追跡・突合が行われる恐れがあるため、マイナンバーが漏えいした場合に本人が受ける損害は、氏名・住所等の一般的な個人情報が漏えいする場合よりも大きなものとなる可能性もあります。

　したがって、あくまで「各事業者において事案の内容等を踏まえて判断」することが求められる中で、マイナンバーが漏えいした場合には個人情報一般より慎重に考え、可能な限り本人に連絡する扱いとしておくのが無難であるように思われます。

b．マイナンバー変更の呼掛け

　一方、マイナンバー固有の検討事項として、本人への連絡の際にマイナンバー変更の呼掛けを行うべきかも考えなければいけません。すなわち、マイナンバーは原則として生涯同じ番号を使い続けるものであり自由に変更はできませんが、「マイナンバーが漏えい

して不正に用いられるおそれがある場合」は変更することができ、しかもこれは本人の申請（又は市町村長の職権）によるものだからです（内閣官房のマイナンバー制度に関するホームページ「よくある質問（FAQ）」Q2-5、マイナンバー法7②）。

このマイナンバー変更の呼び掛けの要否についてガイドラインには記載がないため、やはりパブリックコメント手続において筆者から意見照会を行いましたが、「本人への連絡内容については、事案の内容等により事業者において御判断ください」との回答であり、結局明記はされませんでした。このため、変更の呼び掛けをするか否かは各事業者の判断に委ねられることになります。

したがって、漏えい事案等が発生したからといって常に変更の呼び掛けをする必要はありません。また、変更はあくまで本人の申請によるものであって本人の意思が第一であることはもちろんです。しかしながら、漏えい事案等対応ガイドラインが本人への連絡の目的として「二次被害の防止」を挙げていることからすれば、漏えいを発生させた事業者としては、前記ウの影響範囲の特定で述べた項目（漏えいした情報の内容や漏えいの原因）から、「不正に用いられるおそれがある」と判断される場合には、二次被害の拡大を防ぐため、本人への連絡の際にマイナンバー変更の呼掛けも行った方がよいと考えられます。

カ　事実関係、再発防止策等の公表

漏えい事案等対応ガイドラインでは、必要な措置の6つ目として、事実関係と再発防止策等の公表を挙げ、「事案の内容等に応じて、二次被害の防止、類似事案の発生回避等の観点から、事実関係及び再発防止策等について、速やかに公表する。」と説明されています（漏えい事案等対応ガイドライン1(6)）。

a．公表の重要性

　マイナンバー法には公表を義務付ける規定はなく、また漏えい事案等対応ガイドラインで求められる措置は「望ましい」ものと表現されていることは前記オの本人への連絡等で述べたのと同様です。その一方で（特定個人情報の適正な取扱いに関する）ガイドライン本体には「情報漏えい等の事案が発生した場合、二次被害の防止、類似事案の発生防止等の観点から、事案に応じて、事実関係及び再発防止策等を早急に公表することが重要である。」との記述もあります（ガイドライン別添安全管理措置[2] Cd（53頁））。

　したがって、公表しなかったことをもって直ちに法令違反とされる可能性は低いと思われますが、「重要である」と明記されている以上、基本的には公表する方向で検討する必要があるでしょう。ベネッセの事案でも調査報告書の概要が公表されているのは既に紹介したとおりです。

b．公表を省略できる場合

　一方、特定された影響範囲によっては、公表の必要性がない場合もあると思われます。この点、個人情報一般では、やはり経産分野ガイドライン2-2-3-2（前記箇所における「事実関係、再発防止策等の公表」、30頁）において「公表することが重要である」とされつつも、「二次被害の防止の観点から公表の必要性がない場合には、事実関係等の公表を省略しても構わないものと考えられる」とされており、マイナンバーでも同様に考えられそうです（ただし、そのような場合も、「類似事案の発生回避の観点から、同業種間等で、当該事案に関する情報が共有されることが望ましい」とされています）。

　この点も漏えい事案等対応ガイドライン本文には記載がありませんが、漏えい事案等対応Q&Aにおいて、（前記オの本人への連絡等と併せて）「例えば、紛失したデータを第三者に見られることなく速や

かに回収した場合や高度な暗号化等の秘匿化が施されていて紛失したデータだけでは本人の権利利益が侵害されていないと認められる場合等」には、公表を省略できることが明示されました（前記★ **Q1-5★**）。

なお、上記経産分野ガイドラインでは、公表の必要性がない場合として、前記オで紹介した「本人への連絡を省略しても構わない場合」の①～③に加え、「影響を受ける可能性のある本人すべてに連絡がついた場合」も挙げられています。

……② **マイナンバー法違反についての報告**

これまで説明した必要な6つの措置とは別に、漏えい事案等対応ガイドラインでは、「事業者は、その取り扱う特定個人情報に関する番号法違反の事案又は番号法違反のおそれのある事案を把握した場合には、事実関係及び再発防止策等について、次のとおり報告するよう努める。」として、マイナンバー法違反やそのおそれのある事案についての報告を求めていますので、ここではその内容を説明します。

ア　報告の方法（漏えい事案等対応ガイドライン2(1)）

まず報告の方法は、報告する主体の属性によって異なり、大きくは次のi～iiiの3つに分けられます。

 i　マイナンバーの漏えいなど主務大臣のガイドライン等において報告対象となる事案の場合

→ 事業者が個人情報取扱事業者（個人情報取扱事業者以外の事業者が主務大臣のガイドライン等の規定に従う場合には、当該事業者を含みます）に当たる場合、当該事業者は主務大臣のガイドライン等の規定に従って報告することが必要です。この場合、報告を受けた主務大臣等（主務大臣のガイドライン等に報告先として規定されている個

人情報保護法51条、同施行令11条の規定により事務を処理する地方公共団体の長等を含みます）又は主務大臣のガイドライン等に従い主務大臣等への報告に代えて報告を受けた個人情報保護法37条1項に規定する認定個人情報保護団体は、特定個人情報保護委員会にその旨通知する必要があります。

　なお、これらの場合、主務大臣等の求めにより個人情報取扱事業者が直接特定個人情報保護委員会へ報告しても差し支えないとされています。

ⅱ　個人情報取扱事業者以外の事業者又は主務大臣が明らかでない個人情報取扱事業者におけるマイナンバーの漏えいなどの事案であって、報告する主務大臣等を直ちに特定できない場合
　→　特定個人情報保護委員会に報告することになります。

ⅲ　その他、マイナンバーの利用制限違反などマイナンバー法固有の規定に関する事案等の場合
　→　やはり特定個人情報保護委員会に報告することになります。

　ガイドラインの内容は以上のとおりですが、場合分けが複雑なため、次の**図表3-9**を参考にしてください。

第3章 マイナンバーを巡る深刻なトラブル

図表3-9 事業者における特定個人情報の漏えい事案等が発生した場合の対応について
事業者における特定個人情報の漏えい事案等が発生した場合の対応について
(参考資料)

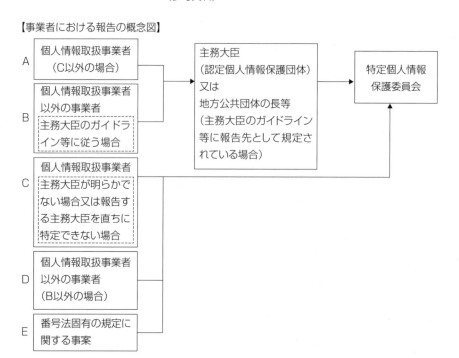

注)重大事案又はそのおそれのある事案が発覚した時点で直ちにその旨を委員会に報告する。
(出所)「(参考資料)事業者における特定個人情報の漏えい事案等が発生した場合の対応について」(漏えい事案等対応ガイドラインのパブリックコメント資料)

イ 報告の時期(漏えい事案等対応ガイドライン2(2))

　次に、報告の時期ですが、前記iについては主務大臣のガイドライン等の規定に従って行う必要があり、また前記ii・iiiについては「速やかに」報告するよう努めることが原則となります。
　もっとも、「特定個人情報に関する重大事案又はそのおそれがある事案」については、まず「発覚した時点で、直ちに」その旨を特定

個人情報保護委員会に報告した上で、その後、事実関係及び再発防止策等についての報告も求められることに注意しなければいけません。

いかなる場合がこの「重大事案」に該当するかについては、既に何度か触れたように、色々な場面で参考になる点で重要となりますが、その内容は以下のとおりです。

〈「重大事案」とは〉

① 情報提供等事務を実施する者の情報提供ネットワークシステムから外部に情報漏えい等があった場合（不正アクセス又は不正プログラムによるものを含む）
② 事案における特定個人情報の本人の数が101人以上である場合
③ 不特定多数の人が閲覧できる状態になった場合
④ 従業員等が不正の目的で持ち出したり利用したりした場合
⑤ その他事業者において重大事案と判断される場合

※具体的にどのような場合が当てはまるのかについては、漏えい事案等対応 Q&A にいくつか例示されているので、そちらをご参照ください。

ウ　特定個人情報保護委員会への報告を要しない場合

この他、漏えい事案等対応ガイドラインでは報告をしなくてもよい場合にも触れられています。すなわち、個人情報取扱事業者以外の事業者にあっては、次の全てに当てはまる場合は、特定個人情報保護委員会への報告を要しないものとされています（漏えい事案等対応ガイドライン2(3)）。

　① 影響を受ける可能性のある本人全てに連絡した場合（本人への連絡が困難な場合には、本人が容易に知り得る状態に置くことを含む）
　② 外部に漏えいしていないと判断される場合
　③ 従業員等が不正の目的で持ち出したり利用したりした事案では

ない場合
④ 事実関係の調査を了し、再発防止策を決定している場合
⑤ 事案における特定個人情報の本人の数が100人以下の場合

エ　報告の重要性

　本章の4（2）②で述べたとおり、これまで個人情報一般において、違反行為に対する勧告が行われた場合には、主務官庁によって報道発表され、各官庁のHP上でも勧告の対象事業者名、勧告内容等の公表がなされています。そして、勧告は必ずしも個人情報流出が大量であったケースで行われているわけではなく、流出の量も含めた事案の重大性、勧告に先だって行われた事業者の報告の内容（事業者の安全管理措置の不備の程度等）等を勘案し、具体的事案の内容によって、その要否が決定されていると考えられるところです。

　したがって、マイナンバーにおいても報告を軽視すべきでないことは当然であり、漏えい事案等対応ガイドラインで報告の方法や時期が明確に記載されている以上、これに従って早期に報告すべきです。また場合によっては調査の進捗に応じて報告を複数回に分けて行うことも考えるべきでしょう。

　なお、本章の4（2）④で触れたとおり、特定個人情報保護委員会は、平成27年9月の個人情報保護法の改正により、平成28年1月に個人情報保護委員会に改組され、個人情報の取扱いに関する監視・監督等の事務も合わせて取り扱うこととなりますが、これに伴って報告の方法その他が変更されることも予想されますので、今後のガイドラインの改訂等に注意する必要があります。

………③ **流出ルートに応じた事後対応**

　漏えい事案等対応ガイドラインで言及されている措置は以上のとおりで

すが、事業者としては、このほかにも事実関係や原因の調査により明らかになった流出ルートに応じた対応も考えなければいけません。

具体的には、以下の場合です。

i 漏えいの原因が事業者内の従業員にある場合

　→ 当該従業員の処分

ii 漏えいの原因が事業者外の委託先にある場合

　→ 委託先への損害賠償請求等

これらはどちらかといえば、ガイドラインで求められる措置よりも後に検討すべきものといえますが、以下それぞれについて説明します。

ア　従業員の処分

まず、漏えいの原因が事業者内部の従業員にある場合、当該従業員個人が被害者に対して損害賠償責任を負うことは本章の4（1）①で述べたとおりですが、事業者としては、これとは別に当該従業員の処分を検討する必要があります。

a．懲戒事由への該当性

まず、マイナンバーの漏えいが懲戒事由に該当するかが一応問題となります。この点、（特定個人情報の適正な取扱いに関する）ガイドラインには人的安全管理措置として「特定個人情報等についての秘密保持に関する事項を就業規則等に盛り込むことが考えられる」との記載もあります（ガイドライン別添安全管理措置②D（54頁））ので、これに従って就業規則に特化した定めがあれば、その違反が懲戒事由に該当することに問題はありません。

もっとも、就業規則にこのような特化した定めが盛り込まれていなくとも、従業員が漏えいをした場合であれば、情報管理に関する社内ルールや従業員の秘密保持義務に関する何らかの服務規律違反として、懲戒処分の対象になるのが通常と考えられます。

b．懲戒手段の選択

　では懲戒事由に該当するとして、事業者としてはどのような懲戒手段を選択すべきでしょうか。具体的にどのような懲戒手段が適切であるかは、当該従業員の故意・過失の程度や事案の重大性（ここでも前述の「重大事案」に該当するかが参考になります）はもちろん、当該事業者における懲戒処分の前例とのバランスも考えなければいけませんので、一概には言えないところです。

　この点については、個人情報一般に関する調査結果ではあるものの、情報管理上の問題行為に対する懲戒についてのアンケート調査が5年前に公表されており、参考になるため以下に紹介します。

　この調査では、12のモデルケースによるアンケートが取られており、例えば、「許可を得て会社のパソコンを自宅に持ち帰ったところ、家族が勝手にダウンロードしたファイル共有ソフトを介して機密データが流出した」ケースでは、譴責（始末書提出）の割合が最も多く、一方、「社内機密データを勝手に持ち出し、インターネット上で公開した」ケースでは、最も重い懲戒手段である懲戒解雇が48.2％でトップとなっている点などが目を引きます。

イ　委託先への損害賠償請求等

　次に、漏えいの原因が事業者内部ではなく委託先にあった場合、事業者としてはどう対応すべきでしょうか。

a．漏えいの発覚時までに事業者がすべきこと

　まずマイナンバーの取扱いを外部に委託する場合、事業者としては委託先を適切に監督することが求められていますが（マイナンバー法11）、その内容はガイドラインにおいて定められており、

① 委託先の適切な選定（具体的な確認事項：委託先の設備、技術水準、従業者に対する監督・教育の状況、その他委託先の経営環境等）

5 マイナンバーの漏えい事案等が発生した場合の対応

図表3-10 モデルケース別にみた情報機器やインターネット等の利用、社内機密データの取扱いをめぐる問題行為への懲戒措置

集計社数：199社

—％—

モデルケース	処分の対象としない	処分の対象とする							判断できない（該当ケースは発生し得ない）
		注意処分	譴責（始末書提出）	減給	出勤停止	降格	諭旨解雇	懲戒解雇	
① 許可を得て会社のパソコンを自宅に持ち帰ろうとしたところ、車上荒らしに遭い盗まれてしまった（情報の流出はない）	13.6	21.1	43.7	3.5	2.0	0.5		1.0	14.6
② 許可を得て会社のパソコンを自宅に持ち帰ったところ、家族が勝手にダウンロードしたファイル共有ソフトを介して機密データが流出した	1.0	6.5	33.2	15.1	4.0	7.0	3.0	3.0	27.1
③ 許可を得て社内機密データを社外に持ち出し、うっかり電車内に置き忘れた	1.0	9.5	46.2	13.1	4.0	6.5	2.5	1.5	15.6
④ 携帯電話を紛失し、社内機密データを漏洩させた	3.5	8.5	42.7	14.1	6.0	5.0	3.0	1.5	15.6
⑤ 自宅で仕事をするため、社会持ち出し禁止の機密データを独断で持ち出した	2.0	8.0	38.7	12.6	9.5	8.0	3.0	5.0	13.1
⑥ 社内機密データを勝手に持ち出し、インターネット上で公開した	0.5	1.0	6.0	7.5	5.5	2.5	13.6	48.2	15.1
⑦ 上司のパスワードを使って、アクセス権のない社内機密データに不正にアクセスし、コピーした	1.0		14.6	10.6	6.5	7.0	15.6	28.6	16.1
⑧ インターネット上のアダルトサイト等、業務に関係のないサイトを閲覧し、業務に支障を来した	1.5	12.6	35.7	10.6	6.5	8.0	7.0	3.0	15.1
⑨ 就業時間中の会社のパソコンから株取引等をしていた	2.0	15.1	34.2	9.5	6.0	10.1	6.5	3.5	13.1
⑩ インターネット上で会社や上司、同僚を中傷していた	0.5	10.6	27.6	5.5	10.6	9.5	12.1	9.5	14.1
⑪ 電子メールの誤送信により社内機密データを漏洩させた	0.5	7.5	38.7	18.6	3.0	11.1	4.0	3.0	13.6
⑫ 会社のパソコンから私用メールを1日20件以上送受信していた	9.5	18.6	32.2	10.1	4.0	6.5	4.0	1.0	14.1

[注] 複数の処分が想定される場合は、最も処分が重い場合について回答いただいた。
(出所) 財団法人労務行政研究所「企業の情報管理に関するアンケート」(2010年6月30日付) より

② 委託先に安全管理措置を遵守させるために必要な契約の締結
　③ 委託先における特定個人情報の取扱状況の把握
などが含まれます（ガイドライン第4−2−(1)①B（20頁））。
　b．漏えい発覚後の対応
　　委託先におけるマイナンバーの漏えいや不正取扱いが発覚した場合、事業者としては、まずこれ以上の被害が発生しないように、委託先に対し、漏えいの拡大防止や不正取扱いの中止を求める通知や警告を発することが必要です。
　　そして、漏えい事案等対応ガイドラインに従った事実関係の調査や影響範囲の特定の過程において、委託先の債務不履行や故意・過失が認められるようなら、事業者としては委託先に対して損害賠償請求することを検討しなければなりません。
　　委託先における具体的な情報漏えいのケースや、どのような損害賠償が認められるかについては、個人情報の漏えい等に関するこれまでの裁判例を見るのが最も参考になりますので、以下では、
　ⅰ　委託先がファイル交換ソフトを通じて情報を漏えいしたケース
　ⅱ　委託先が個人情報の不正取扱い（目的外利用）をしたケース
の2つの裁判例を紹介します。

〈ⅰ　委託先がファイル交換ソフトを通じて情報を漏えいしたケース〉

東京地裁平成21年12月25日判決・判例秘書登載

［事案］
　XがYに対してホームページ等のデザイン業務を委託し、Yが当該委託業務を行うに当たり個人情報保護義務等を負う契約を締結したところ、Yのパソコンがウイルスに感染して、委託業務によって取得した個人情報等を外部に流出させたため、Xは損害を被ったとして、Yに対し、債務不

履行に基づき、損害として1134万円余りの支払を求めた。
［漏えいした情報］
- 氏名、所属、住所、電話番号等の個人情報約1700件を含むメーリングリストによって送受信されたメールの情報
- （Xの社員が社外に設けたFTPサーバーからYがダウンロードした）見積書、仕様書、提案書など

［判旨］
　Yは、Xとの間で基本契約を締結し、個別契約の履行に関連して知り得たX又はXの取引先が保有する個人情報で、当該個人の識別が可能な情報を善良な管理者の注意をもって管理する義務を負っていたところ、本件情報は………個人の識別が可能な情報であって、Yが個別契約の履行に関連して知り得た情報であるから、Yは、Xに対し、当該情報を善良な管理者の注意をもって管理する義務を負っていたと解するのが相当である。
　そして、P2Pファイル交換ソフト「Share」がインストールされたパソコンは、ウイルス感染によって情報を流出させる危険性があることは一般的に知られていることであり、また、Yは、Xから、委託を受けた業務で使用するパソコンにウィニー等のP2Pファイル交換ソフトをインストールすることを禁止されていたにもかかわらず、「Share」がインストールされた私有のパソコンに本件情報を保管し、結果として本件情報を流出させてしまったのだから、上記善管注意義務に違反したものとして、Xに対する債務不履行責任を免れないというべきである。

［損害］　合計：約429万円×70％（過失相殺）＝約300万円
　●原因究明及びその対策費
　　① 宿泊費　→　認められない
　　　本件情報流出がなければ、行う必要がなかった業務だけを行う必要があってホテルに宿泊せざるを得なかったとまでは認めるには足りない
　　② 業務交通費等　→　約17万円
　　　顧客に対する説明や謝罪に要した交通費等のうち、本件情報流出がなければ、支出する必要が生じなかった費用

③ 旅行キャンセル代 → 認められない
　　本件情報流出に対応するのに、旅行をキャンセルした原告社員以外では対応できなかったという特別の固有の事情を認めるに足りる証拠はない
④ データ解析（HDD等調査）費 → 約202万円
　　Xとしては、本件情報流出後の対応を検討するため、本件情報流出の原因調査のためにHDD等調査を外部に依頼する必要があった
⑤ データ解析（2ちゃんねるチェック）費 → 約15万円
　　Xとしては、外部に流出した情報が、インターネット上の電子掲示板に掲載されるなどして、更に情報流出が広がれば、他の対応も検討する必要が生じるため、インターネット上の電子掲示板に本件情報が掲載されていないか監視する必要があった
⑥ P2P調査郵送代 → 認められない
⑦ お客様対応の覚書郵送代 → 認められない
⑧ 電子ファイリング調査郵送代 → 認められない
　　Xは業務として個人情報を扱うのであるから、業務の一部を委託するに当たり、⑥～⑧は、Xがその負担において、当然に行うべき事柄であり、本件情報流出の有無にかかわらず、本来の業務として行うべきことを行ったにすぎない
⑨ 時間外費用 → 140万円
　　Xが社員に対して支払った残業費は285万6892円であるが、その中には個人情報を取り扱う企業として当然に行うべき業務もあり、諸般の事情を総合考慮すると、本件情報流出がなければ行う必要がなかった業務に係る本件残業費は、140万円と認めるのが相当である。

●謝罪に要した費用 → 約54万円
　　本件情報流出がなければ、謝罪を行わずに済んだのであるから、Xは、本件情報流出によって、謝罪費用相当額の損害を被ったと認められる。

●無形的損害 → 認められない
　　Xは、被った損害については具体的に主張立証すべきであって、上記

認定の損害の他に、被告に損害賠償を認めるべきほどの無形的損害があるとは直ちには認め難い
- ●過失相殺 → Xの過失割合は3割
 Xが情報管理を厳しく行い、Yに対して提供する情報を限定していれば、本件情報流出によって流出した情報も限られたものとなり、損害もある程度回避できた可能性が高かった

※なお、紹介した事例はあくまで一例であり、どのような損害が認められるかは全くのケースバイケースですのでご注意ください。例えば、上記の裁判例では時間外費用（人件費）が認められていますが、このような人件費の損害は認められないケースも多いと思われます。

〈ⅱ 委託先が個人情報の不正取扱い（目的外利用）をしたケース〉

東京地裁平成19年12月25日判決・ウェストロー・ジャパン登載

［事案］
 Xは、ソフトバンク等からパソコン等の機器設置、サポート業務等を受託し、さらにYら登録エージェントに委託していたところ、YがXから取得した顧客の個人情報を、自己の営業のため、不正に目的外使用した等と主張して、XがYに対し、債務不履行に基づく損害として6000万円余りの賠償の支払を請求した。

［目的外利用の件数］
・Xから依頼された顧客277件のうちの最大で198件

［判旨］
 YがXから委託を受けて機器設置、サポート業務等を行った顧客に対し、業務終了後に、大手のサービスをやめ、新たなサービスを始めた旨の葉書を郵送し、あたかもXないしソフトバンクとの関係がなくなったかのような言辞を用いた上、大型家電量販店のパソコンサービスに比べて、技術者直受けのため料金が大幅に安いことを強調したことは、Xから提供を受けたソフトバンクの顧客情報を目的外に使用するもので、本件業務委託契約に違反するものといわざるを得ず、Yは債務不履行による損害賠償

義務を負うというべきである。
［損害］　合計：約6017万円
- ●営業損害　→　約5317万円

　Xの、本件以前の6か月間のソフトバンクからの営業利益の平均は1か月664万6836円となる。

　そうすると、Yの義務違反がなければ、平成13年6月から継続したソフトバンクとの業務委託契約が停止ないし終了に至ることもなく、Xは少なく見積もっても平成17年6月から平成18年1月までの8か月間に最低、664万6836円×8ヶ月＝5317万4688円の利益が得られたというべきである。

- ●信用毀損による損害　→　700万円

　Xは、有料職業紹介業務、労働者派遣事業、マルチメディア機器の保守、管理、修理に関するサービス業務等を目的として設立された株式会社であるが、Yの行為により、Xは業務委託元から委ねられた個人情報の目的外使用を招くという事態に陥っており、会社の信用は著しく毀損されたというべきである。

　本件後、ソフトバンクとの間の他の取引（家電量販店の店頭におけるブロードバンド加入促進スタッフ派遣業務等の取引）も中止される等の影響が出ている事実が認められる。

　以上の事実によれば、原告の信用毀損による損害は700万円と評価するのが相当である。

（2）本人の側における対応

　以上、事業者に求められる措置や対応を説明してきましたが、最後にマイナンバーの漏えい事案等が生じた場合、その影響を受ける本人の側で考えられる対応について触れておきます。

………① マイナンバーの変更

　前記のように、マイナンバーは原則として生涯同じ番号を使い続けるも

ので自由に変更はできませんが、マイナンバーが漏えいして「不正に用いられるおそれがあると認められる場合」に限りマイナンバーの変更が可能です（マイナンバー法7②）。

　この変更は本人の申請（又は市町村長の職権）によりますので、本人にとっていわば最終的な対応手段といえますが、事業者において漏えいが発生した場合、漏えいに関与してない本人が「不正に用いられるおそれがある」ことを明らかにするのは簡単ではないはずですから、漏えいの事実関係や影響範囲といった事項を説明するにあたっては、事業者に協力してもらう必要があるでしょう。

………② 特定個人情報保護委員会への苦情申出

　前述のように、漏えい事案等が生じた場合、事業者に対しては主務大臣や特定個人情報保護委員会へ報告することが漏えい事案等対応ガイドラインで求められていますが、事業者が必ず報告するとは限りません。

　この場合、影響を受ける本人側でも特定個人情報保護委員会を利用することが考えられます。すなわち、同委員会は苦情処理を所掌事務の1つとして挙げており、個人からの苦情の申出についてあっせんも行うこととされているので（マイナンバー法38一）、本人側としては特定個人情報保護委員会へ苦情申出することが有力な対応策となり得ると思われます。

　なお、平成28年1月に特定個人情報保護委員会が個人情報保護委員会に改組された後は、苦情の申出先は、個人情報保護委員会になるものと考えられます（改正後の個人情報保護法52二）。

第4章 マイナンバートラブルを防止するために

第4章　マイナンバートラブルを防止するために

　これまで見てきたように、マイナンバーが漏えい等すると、その漏えい等の元となった事業者には、法律上、行政上及び社会的な責任など、有形無形の多大な損害が生じます。特に、マイナンバーは、その導入の過程において、国民の関心事として漏えい等への懸念が繰り返し示された経緯があるため、マイナンバーの漏えい等が生じた場合、企業の信頼性へのダメージははかりしれません。
　そのため、事業者の危機管理として、漏えい等が生じないようにマイナンバーを適切に管理することが極めて重要です。
　本章では、マイナンバー法やガイドラインが求める安全管理措置や委託先等の監督など、マイナンバーの管理の段階において、事業者が、漏えい等を防止するためにどのような手段を講ずるべきかを検討します。

安全管理措置

（1）安全管理措置とは

マイナンバー法は、マイナンバーを取り扱う事業者に対し、マイナンバーの漏えい等の防止その他、マイナンバーを適切に管理するために必要な措置を講ずるよう義務付けています（マイナンバー法12、33）。このような措置を、安全管理措置といいます。

マイナンバー法が求める安全管理措置は、以下の6つです（ガイドライン別添安全管理措置②（50頁以下））。

① 基本方針の策定
② 取扱規程等の策定
③ 組織的安全管理措置
④ 人的安全管理措置
⑤ 物理的安全管理措置
⑥ 技術的安全管理措置

図表5-1　安全管理措置のイメージ

（出典）内閣官房・内閣府　特定個人情報保護委員会　総務省・国税庁・厚生労働省「マイナンバー　社会保障・税番号制度　民間事業者の対応（平成27年5月版）」29頁

（2）安全管理措置を講ずる義務を負う事業者

　マイナンバー法に基づく安全管理措置を講ずる義務は、その取り扱うマイナンバーの数を問わず、また、マイナンバーをデータベース化しているか否かにかかわらず、マイナンバーを取り扱う全ての事業者が負います。そのため、1人でも従業員がいる事業者であれば、すべからく安全管理措置を講ずる義務を負うことに注意が必要です。もっとも、実務への影響を考慮して、事務で取り扱うマイナンバーの数が少なく、また、マイナンバーを取り扱う従業員等も限定的である中小規模の事業者については、安全管理措置の内容が軽減されています（後述（5））。

　なお、マイナンバー法の「一般法」である個人情報保護法も、安全管理措置を講ずることを義務付けています（個人情報保護法20）。従来、過去6カ月において取り扱う個人情報が5000人分を超えない民間事業者については、個人情報保護法に基づく安全管理措置を講ずる義務規定の適用が除外されていましたが、平成27年9月の個人情報保護法改正により、そのような適用除外は廃止されました。

(3) 安全管理措置の検討・策定の手順

では、事業者が実際に安全管理措置を講ずるにあたり、どのように検討を進めるべきか、整理しましょう。

……① **マイナンバーを取り扱う事務や担当者の特定・明確化**

安全管理措置は、マイナンバーの漏えい等を防止等するための措置ですが、その事業者が、マイナンバーをどのように用いるかわからなければ、いかなる安全管理措置を講ずるべきか判断することができません。

そこで、事業者は、安全管理措置を検討する前提として、事務を洗い出して以下の3点を明確化する必要があります（ガイドライン別添安全管理措置①（49頁））。

> ア　マイナンバーを取り扱う事務の範囲
> イ　特定個人情報等の範囲
> ウ　事務取扱担当者

ア　マイナンバーを取り扱う事務の範囲の明確化（ガイドライン別添安全管理措置①A（49頁））

事業者は、まず、社内の業務を確認し、マイナンバー法が予定する個人番号利用事務と個人番号関係事務（注）のうち、マイナンバーを利用してどのような事務を行うのかを特定し、明確化することが求められます。

例えば、「源泉徴収票作成事務」、「配当、剰余金の分配及び基金利息の支払調書作成事務」、「健康保険・厚生年金保険被保険者資格取得届作成事務」など、事務を1つずつ特定しましょう。

（注）「個人番号利用事務」と「個人番号関係事務」については、**第1章の2（3）**参照。

イ　特定個人情報等の範囲の明確化（ガイドライン別添安全管理措置①B（49頁））

　次に、上記アで明確化した事務において利用するマイナンバー及びこれに関連付ける個人情報の範囲を明確化する必要があります。

　例えば、「源泉徴収票作成事務」であれば、利用するマイナンバーは「従業員、控除対象配偶者、扶養親族」のマイナンバー、そして、これを社員名簿と紐付けて管理するのであれば、関連付けて管理する個人情報の範囲は「従業員の氏名、生年月日、住所、及び社員番号」などという形で明確化します。

ウ　事務取扱担当者の明確化（ガイドライン別添安全管理措置①C（49頁））

　また、上記アで明確化した事務に従事する「事務取扱担当者」も明確にしなければなりません。この事務取扱担当者の明確化は、安全管理措置を検討するために行うものですので、ここで明確化が求められる「事務取扱担当者」には、書類の移送など一部の事務を補助的に行う者も含め、安全管理措置の対象とすべき、マイナンバーの取得から廃棄までの事務に従事する全ての者が含まれると解されます。事務フロー全体として漏れのない必要かつ適切な安全管理措置を講ずることができるよう、各段階における事務取扱担当者を明確化しましょう（ガイドラインQ&A10-2）。

　なお、事務取扱担当者の明確化は、個人名による必要はありませんが、部署名（○○課、○○係など）や事務名（○○事務担当者）など、安全管理措置を講ずる範囲が明らかになる程度に明確化する必要があります（ガイドラインQ&A10-1）。

図表5-2　取扱事務等明確化のイメージ（例）

マイナンバー取扱事務	マイナンバー取得対象 関連付ける個人情報	事務取扱担当者
源泉徴収票作成事務	従業員、控除対象配偶者、扶養親族	○○部○○課○○係
	氏名、生年月日、住所、電話番号、社員番号	
配当、剰余金の分配及び基金利息の支払調書作成事務	株主、出資者等	○○部○○課○○係
	氏名、住所、電話番号	
健康保険・厚生年金保険届出事務	従業員、被扶養者	○○部○○課○○係
	氏名、生年月日、住所、電話番号、社員番号	
⋮	⋮	⋮

………② **リスクアセスメント、具体的な安全管理措置の検討**

　マイナンバーを取り扱う事務や担当者を明確化できたら、事務フローの各段階における情報漏えい等のリスクを分析し、マイナンバーを適正に管理するために、具体的にどのような組織的、人的、物理的、及び技術的な安全管理措置を講ずるべきか検討します。組織的、人的、物理的、及び技術的な安全管理措置がどのようなものかは、下記（4）に詳しく述べます。

………③ **基本方針・取扱規程等の策定・実施**

　事業者は、明確化したマイナンバーの取扱事務、事務取扱担当者や、具体的な安全管理措置を踏まえ、基本方針や取扱規程等を策定し、これに基づき安全管理措置を実施します。

………④ **定期的な見直し**

　いったん安全管理措置を講じた後も、事業者は、安全管理措置の実施状況、マイナンバーを利用する事務の範囲、企業の規模などの会社の状況の変化のほか、社会情勢の変化や情報技術の進歩等に応じて、定期的に安全管理措置を見直す必要があります。

（4）講ずるべき安全管理措置

　さて、ここからは、安全管理措置の具体的な内容を見ていきましょう。

　マイナンバー法は、個人情報保護法の特別法に位置付けられるので、事業者は、安全管理措置を検討するにあたり、マイナンバー法やガイドラインのほか、個人情報保護法関係法令及び主務大臣のガイドラインを遵守する必要があります。本（4）では、個人情報保護法関係法令及び主務大臣のガイドラインについては対応済みであることを前提に、マイナンバー法が義務付ける措置をガイドラインによる解釈に従って明らかにしつつ、どのように対応すべきか検討します。

　安全管理措置は、手間もコストもかかりますので、事業者としては、法令等が義務付ける最小限の対応ですませたいと考えるかもしれません。もっとも、実際に情報漏えい等が生じた場合には、結果的にコストをはるかに上回るような有形無形の損害が生ずる可能性があります。各事業者においては、ガイドラインが示す例示等を参考としつつ、保有するマイナンバーの性質や情報漏えい等による影響を検討し、事案発生の抑止、未然防止及び検知並びに事案発生時の拡大防止等の観点から、どのような手段を講ずるか適切に判断する必要があります（ガイドラインQ&A11-1）。

………① **基本方針の策定**（ガイドライン別添安全管理措置②A（50頁））

　事業者は、マイナンバーの適正な取扱いの確保に対して組織として取り

組むために、基本方針を策定することが重要とされています。この基本方針は、個人情報におけるプライバシーポリシーなど個人情報保護方針と同等のものと考えてよいでしょう。

法令上、基本方針の策定は義務ではなく、また、策定した基本方針の公表も求められていません。もっとも、会社としてマイナンバーを適正に取り扱うための基本姿勢を内外に宣言するものとして、基本方針を策定し、従業者（注1）に周知徹底するとともに公表することが望ましいと考えられます。

基本方針の内容は、ガイドラインが示す以下の項目例を参考に、各事業者の状況に応じて検討しましょう（注2）。

基本方針に定める項目　（ガイドラインによる例示）
☐　事業者の名称
☐　関係法令・ガイドライン等の遵守
☐　安全管理措置に関する事項
☐　質問及び苦情処理の窓口

（注1）「従業者」とは、従業員、取締役、監査役、理事、監事、派遣社員等、直接間接に事業者の指揮監督を受けて事業者の業務に従事する者をいいます。

（注2）特定個人情報保護委員会として、基本方針で定めるべき具体的内容を示す予定は今のところないようです。（岡村久道ほか「企業のマイナンバー対応（下）－取扱いの実務とスケジュール」NBL1052号32頁　磯村発言）。

……… **② 取扱規程等の策定**（**ガイドライン別添安全管理措置2 B（51頁）**）

事業者は、事務の流れを整理し、マイナンバーの具体的な取扱いを定める取扱規程等を策定する義務があります。

第3章の2（2）②で述べたように、個人情報漏えいの原因（件数ベース）の大半はヒューマンエラーですが、それを回避するためには、具体的な担当者や手続を明確化し、周知徹底することが第一歩です。マイナンバーを取り扱う事務フローに即して、取扱規程等において具体的な"dos and don'ts"を明確にすることが重要です。

　取扱規程等には、マイナンバーの取得から廃棄までにおける「取得」、「利用」、「保存」、「提供」、「削除・廃棄」の段階ごとに、取扱方法、責任者・事務取扱担当者及びその任務等について、疑義の余地がないように具体的に定めることが望ましいと考えられます。その際、具体的な安全管理措置を織り込むことが重要です。

　もっとも、詳細な手続を全て「規程」に定めると、業務が硬直化するおそれがあります。そこで、安全管理措置を「規程」に定める一方で、その実施のための詳細な手続や運用上の注意事項については、業務手順書、ガイドラインやイントラネットのFAQにまとめるなど、環境の変化等に柔軟に対応できるよう、取扱規程等の構造を工夫しましょう（注）。

（注）ここで策定が求められる「取扱規程等」は、必ずしも取締役会等の正式な決議を経て制定される「規程」である必要はなく、業務手順書やガイドラインなどでもよいと解されています（前掲NBL1052号32頁　上田発言）。

……… **③ 組織的安全管理措置**（ガイドライン別添安全管理措置2 C（51頁））

　事業者は、マイナンバーの適正な取扱いのために、以下の組織的安全管理措置を講ずる義務があります。

ア　組織体制の整備
　　安全管理措置を講ずるための組織体制を整備する。
イ　取扱規程等に基づく運用
　　取扱規程等に基づく運用状況を確認するため、システムログ又は利用実績を記録する。
ウ　取扱状況を確認する手段の整備
　　特定個人情報ファイル（注1）の取扱状況を確認するための手段を整備する。
エ　情報漏えい等事案に対応する体制の整備
　　情報漏えい等の事案の発生又は兆候を把握した場合に、適切かつ迅速

に対応するための体制を整備する。
オ　取扱状況の把握及び安全管理措置の見直し
　　特定個人情報等（注２）の取扱状況を把握し、安全管理措置の評価、見直し及び改善に取り組む。

（注１）「特定個人情報ファイル」については、**第１章の２（２）**参照。
（注２）「特定個人情報等」とは、個人番号及び特定個人情報（生存している人の情報である特定個人情報に加え、死者の個人番号が含まれます）をいいます。**第１章の２（１）**の解説も参照してください。

ア　組織体制の整備（ガイドライン別添安全管理措置② Ca（51頁））

　安全管理措置を講ずるためには、そのための組織体制の整備が前提として必須です。ガイドラインは、整備すべき組織体制として、以下の項目を例示しています。

ア　組織体制の整備　（ガイドラインによる例示）
□　事務における責任者の設置・責任者の明確化
□　事務取扱担当者の明確化・役割の明確化
□　事務取扱担当者が取り扱う特定個人情報等の範囲の明確化
□　事務取扱担当者が取扱規程等に違反している事実又は兆候を把握した場合の責任者への報告連絡体制
□　情報漏えい等事案の発生又は兆候を把握した場合の従業者から責任者等への報告連絡体制
□　特定個人情報等を複数の部署で取り扱う場合の各部署の任務分担及び責任の明確化

　当然のことながら、マイナンバーを取り扱う者が増えれば増えるほど、情報漏えい等のリスクは高まることになります。特に、マイナンバーに対する規制を十分に理解していない従業者にマイナンバーを取り扱わせるのは非常に危険です。このため、事務取扱担当者は、

下記④の人的安全管理措置が十二分に及ぶ範囲にとどめることが適切です。

　上記のほか、マイナンバーに係る事務の点検や監査の担当者、担当範囲や責任の所在などの監督体制や、マイナンバーの取扱全般に関し、統括責任者を頂点とする内部統制を構築することも重要です。また、被害拡大防止の報告連絡体制の整備にあたっては、苦情窓口や通報窓口との連携を図る必要もあるでしょう。

　なお、責任の所在や役割分担などは、従業者の監督の観点（下記3①）から、職務分掌規程などの社内規程に組み込むことが望ましいと考えられます。

イ　取扱規程等に基づく運用（ガイドライン別添安全管理措置②Cb（52頁））
　また、事業者は、取扱規程等に基づく運用状況を確認するため、システムログ又は利用実績を記録することが求められます。

　システムログ又は利用実績の記録及びその定期的な点検・監査は、取扱規程等の違反の早期発見や情報漏えい等の事故の防止につながり、また、不正行為の抑止効果が期待できるほか、情報漏えい等が生じてしまった場合における原因究明の手段ともなります。記録として保存する内容や保存期間については、このような記録の目的や手段に照らし、システムで取り扱う情報の種類、量、システムを取り扱う従業員の数、点検・監査の頻度等を総合的に勘案した上で適切に定めるべきとされています（ガイドラインQ&A14-1）。

　なお、ガイドラインは、記録項目として以下を例示しています。そのほか、入退室記録など、各事業者で講じている安全管理措置の内容に応じて、点検・監査の対象とすべき事項を記録するようにしましょう。

イ　取扱規程等に基づく運用 ― 確認のため記録する項目（ガイドラインによる例示）	
□	特定個人情報ファイルの利用・出力状況の記録
□	書類・媒体等の持出しの記録
□	特定個人情報ファイルの削除・廃棄記録
□	削除・廃棄を委託した場合、これを証明する記録等
□	特定個人情報ファイルを情報システムで取り扱う場合、事務取扱担当者の情報システムの利用状況（ログイン実績、アクセスログ等）の記録

ウ　取扱状況を確認する手段の整備（ガイドライン別添安全管理措置2 Cc（52頁））

　事業者は、マイナンバーを含むファイルの取扱状況を確認するための手段を整備する必要があります。

　ガイドラインは、取扱状況を確認するための手段として、以下の項目を記録することを例示しています。そのほか、マイナンバーに係る事務を外部に委託している場合は、委託先、選定理由、委託事務、提供したマイナンバーその他の情報の内容、委託契約、及び委託に係る責任部署なども記録すべきと考えられます。なお、この確認のための記録自体に、マイナンバーを記載してはいけません。

ウ　取扱状況を確認する手段の整備 ― 確認のため記録する項目（ガイドラインによる例示）	
☐　特定個人情報ファイルの種類、名称	
☐　責任者、取扱部署	
☐　利用目的	
☐　削除・廃棄状況	
☐　アクセス権を有する者	

エ　情報漏えい等事案に対応する体制の整備（ガイドライン別添安全管理措置②Cd（53頁））

　安全管理措置を講じてもなお情報漏えい等が発生する可能性は残ります。実際に情報漏えい等が生じてしまった場合は、二次被害の防止、類似事案の発生防止等の観点から、事実関係及び再発防止策等を早急に公表することが重要です。そのため、事業者は、予め、情報漏えい等の事案に適切かつ迅速に対応する体制を整備しておく必要があります。

　有事の際の体制を予め詳細に整えるのは難しいところですが、ガイドラインが例示する以下の対応のほか、漏えい事案等対応ガイドラインに即した対応を念頭に、迅速に対応できるような体制を整備しておきましょう。なお、情報漏えい等が生じた場合の対応については、**第3章**の**5**も参照してください。

エ　情報漏えい等事案に対応する体制の整備 ― 想定すべき対応（ガイドラインによる例示）	
☐	事実関係の調査及び原因の究明
☐	影響を受ける可能性のある本人への連絡
☐	委員会及び主務大臣等への報告
☐	再発防止策の検討及び決定
☐	事実関係及び再発防止策等の公表

オ　取扱状況の把握及び安全管理措置の見直し（ガイドライン別添安全管理措置２ Ce（53頁））

　事業者は、マイナンバーの取扱状況や事務の運用状況を確認する体制を構築するだけにとどまらず、実際にマイナンバーの取扱状況や事務の運用状況を把握し、安全管理措置の評価、見直し及び改善に取り組む必要があります。

　ガイドラインは、取扱状況の把握の手法として以下を例示しています。実効ある監査のためには、監査計画を定めるほか、どの部門が、どのような頻度で、何を評価するかなど、安全管理措置レビューの体制を構築しておくことも重要と考えられます。

オ　取扱状況の把握及び安全管理措置の見直し（ガイドラインによる例示）	
☐	特定個人情報等の取扱状況について、定期的に自ら行う点検又は他部署等による監査を実施する。
☐	外部の主体による他の監査活動と合わせて、監査を実施することも考えられる。（注）

（注）個人情報保護・情報セキュリティに関する外部監査等の機会にマイナンバーに関する監査も合わせて実施するような場合を指します（ガイドラインQ&A14-3）。

········④ **人的安全管理措置**（**ガイドライン別添安全管理措置**2 **D（54頁）**）

　事業者は、マイナンバーの適正な取扱いのために、以下の人的安全管理措置を講ずる義務があります。

ア　事務取扱担当者の監督 　　事業者は、特定個人情報等が取扱規程等に基づき適正に取り扱われるよう、事務取扱担当者に対して必要かつ適切な監督を行う。 イ　事務取扱担当者の教育 　　事業者は、事務取扱担当者に、特定個人情報等の適正な取扱いを周知徹底するとともに適切な教育を行う。

　ガイドラインは、人的安全管理措置として以下の項目を例示しています。詳しくは、下記3において述べます。

④　人的安全管理措置（ガイドラインによる例示）
□　特定個人情報等の取扱いに関する留意事項等について、従業者に定期的な研修等を行う
□　特定個人情報等についての秘密保持に関する事項を就業規則等に盛り込むことが考えられる

········⑤ **物理的安全管理措置**（**ガイドライン別添安全管理措置**2 **E（54頁）**）

　事業者は、マイナンバーの適正な取扱いのために、以下の物理的安全管理措置を講ずる義務があります。

ア　特定個人情報等を取り扱う区域の管理 　　特定個人情報等の情報漏えい等を防止するために、特定個人情報ファイルの「管理区域」及び「取扱区域」を明確にし、物理的な安全管理措置を講ずる。

イ　機器及び電子媒体等の盗難等の防止
　　管理区域及び取扱区域における特定個人情報等を取り扱う機器、電子媒体及び書類等の盗難又は紛失等を防止するために、物理的な安全管理措置を講ずる。
ウ　電子媒体等を持ち出す場合の漏えい等の防止
　　特定個人情報等が記録された電子媒体又は書類等を持ち出す場合、容易に個人番号が判明しない措置の実施、追跡可能な移送手段の利用等、安全な方策を講ずる。
エ　個人番号の削除、機器及び電子媒体等の廃棄
　　個人番号関係事務又は個人番号利用事務を行う必要がなくなった場合で、所管法令等において定められている保存期間等を経過した場合には、個人番号をできるだけ速やかに復元できない手段で削除又は廃棄し、削除又は廃棄した記録を保存する。また、これらの作業を委託する場合は、委託先が確実に削除又は廃棄したことについて、証明書等により確認する。

ア　特定個人情報等を取り扱う区域の管理（ガイドライン別添安全管理措置 ②Ea（54頁））

　事業者は、マイナンバーを含むファイルを取り扱う情報システムを管理する区域である「管理区域」と、マイナンバーを取り扱う事務を実施する区域である「取扱区域」をそれぞれ明確にしたうえ、物理的な安全管理措置を講ずる必要があります。

　ガイドラインが例示する各区域の管理方法は以下のとおりです。

ア	特定個人情報等を取り扱う区域の管理（ガイドラインによる例示）
□	管理区域に関する物理的安全管理措置としては、入退室管理及び管理区域へ持ち込む機器等の制限等が考えられる
□	入退室管理方法としては、ICカード、ナンバーキー等による入退室管理システムの設置等が考えられる
□	取扱区域に関する物理的安全管理措置としては、壁又は間仕切り等の設置及び座席配置の工夫等が考えられる

　管理区域、取扱区域ごとに全て同じ安全管理措置を講ずる必要はなく、その区域において取り扱うマイナンバーの量や利用頻度、使用する事務機器や環境等に照らして、それぞれの区域に応じた適切な安全管理措置を講じればよいとされています（ガイドラインQ&A15-1-3）。例えば、管理区域については、ICカード等による厳格な入退室管理等の対応、取扱区域については、事務取扱担当者以外の者の往来が少なく、後ろからのぞき見される可能性が低い場所への座席配置や間仕切りの設置等の対応が考えられます（ガイドラインQ&A15-1）。

イ　機器及び電子媒体等の盗難等の防止（ガイドライン別添安全管理措置②Eb（54頁））

　管理区域や取扱区域においてマイナンバーを取り扱う機器、電子媒体や書類等の盗難・紛失等を防止するための、物理的な安全管理措置も必要です。

　ガイドラインは、その手段として以下を例示しています。

イ	機器及び電子媒体等の盗難等の防止（ガイドラインによる例示）
☐	特定個人情報等を取り扱う機器、電子媒体又は書類等を、施錠できるキャビネット・書庫等に保管する
☐	特定個人情報ファイルを取り扱う情報システムが機器のみで運用されている場合は、セキュリティワイヤー等により固定すること等が考えられる

　また、機器や電子媒体等の盗難の防止のほか、のぞき見や抜取り等によるデータ自体の盗難を防止することも重要です。そのため、マイナンバーを記載・記録した書類や媒体、コンピュータなどを机上などに放置することを禁止する、コンピュータについては外部メディアに接続できない設定とし、離席時にパスワードロックをかけるよう周知徹底するなどの対応も検討しましょう。

ウ　電子媒体等を持ち出す場合の漏えい等の防止（ガイドライン別添安全
　　管理措置②Ec（55頁））

　マイナンバーが記載された税金関係又は社会保険関係の書類を行政機関や社会保険事務所などに提出しに行く場合等、マイナンバーが記載又は記録された書類や電子媒体等を持ち出す場合、漏えい等が生じないように、容易にマイナンバーが判明しない措置を実施し、また、紛失等しても追跡可能な移送手段を利用するなど、安全な方策を講ずる必要があります。

　ここで、「持出し」とは、マイナンバーを管理区域又は取扱区域の外へ移動させることをいいます。事業所内の移動であっても、管理区域又は取扱区域の外へ移動させるのであれば、「持出し」として、容易にマイナンバーが判明しない措置や追跡可能な移送手段の選択など紛失・盗難等に留意する必要があります。

ガイドラインは、漏えい等防止の手法として以下を例示しています。

ウ　電子媒体等を持ち出す場合の漏えい等の防止（ガイドラインによる例示）
□　特定個人情報等が記録された電子媒体を安全に持ち出す方法としては、持出しデータの暗号化、パスワードによる保護、施錠できる搬送容器の使用等が考えられる。ただし、行政機関等に法定調書等をデータで提出するに当たっては、行政機関等が指定する提出方法に従う
□　特定個人情報等が記載された書類等を安全に持ち出す方法としては、封緘、目隠しシールの貼付を行うこと等が考えられる

なお、事務取扱担当者が、顧客先等からマイナンバー及び関連する個人情報を持ち帰る場合も、「持出し」の場合と同様に、容易にマイナンバーが判明しない措置や追跡可能な移送手段の選択などの物理的安全管理措置を講ずる必要があるとされています（ガイドラインQ&A15-1-2）。

エ　個人番号の削除、機器及び電子媒体等の廃棄（ガイドライン別添安全管理措置②Ed（55頁））

事業者は、マイナンバーを取り扱う事務が終了し又はその保存期間等が経過した場合には、速やかにマイナンバーを復元できない手段で削除又は廃棄しなければなりません。

そして、マイナンバー、マイナンバーを含むファイル又は電子媒体等を削除又は廃棄した場合は、いつ、誰が、どのようなものを、どのような方法で削除・廃棄したかなど、削除・廃棄に関する記録を保存する必要があります（その記録にマイナンバーを記載してはいけません）。また、これらの作業を委託する場合であれば、委託先が確実に削除又は廃棄したことについて、証明書等を提出させ、確認する必

要があります。

ガイドラインが例示する、削除・廃棄等の手法は以下のとおりです。

エ	個人番号の削除、機器及び電子媒体等の廃棄（ガイドラインによる例示）
☐	特定個人情報等が記載された書類等を廃棄する場合、焼却又は溶解等の復元不可能な手段を採用する
☐	特定個人情報等が記録された機器及び電子媒体等を廃棄する場合、専用のデータ削除ソフトウェアの利用又は物理的な破壊等により、復元不可能な手段を採用する
☐	特定個人情報ファイル中の個人番号又は一部の特定個人情報等を削除する場合、容易に復元できない手段を採用する
☐	特定個人情報等を取り扱う情報システムにおいては、保存期間経過後における個人番号の削除を前提とした情報システムを構築する
☐	個人番号が記載された書類等については、保存期間経過後における廃棄を前提とした手続を定める

ここで、「復元不可能」な書類等の廃棄方法とは、焼却又は溶解等のほか、復元不可能な程度に細断可能なシュレッダーを利用することやマイナンバー部分を復元できない程度にマスキングすること等とされています（ガイドラインQ&A15-3）。

他方、ファイルからのマイナンバーの削除については、データ復元用の専用ソフトウェア、プログラム、装置等を用いなければ復元できない程度に削除すれば、「容易に復元できない手段」で削除したと解されます（ガイドラインQ&A15-2）。この点、コンピュータにはOSの標準機能としてファイルを復元する機能（例えば、windowsの"以前のバージョン"機能など）が備わっており、それにより復元可能な場合は「容易に復元」できると解されるおそれもあります。「容易に復元できない手段」か否かはケース・バイ・ケースで判断する必要がありますが、例えば、そのようなファイルの復元機能をオフに設定し

たコンピュータで、マイナンバーをエクセルファイルで管理・保管している場合であれば、エクセルファイル上で不要となったマイナンバーを削除して上書き保存することをもって、通常は、「容易に復元できない手段」による削除と考えてよいように思われます。なお、定期的にサーバやシステムのバックアップをとっている場合、一定期間経過後にバックアップデータが自動的に削除される設定にすることも検討しましょう。

⑥ **技術的安全管理措置**（ガイドライン別添安全管理措置②F（56頁））

事業者は、マイナンバーの適正な取扱いのために、以下の技術的安全管理措置を講ずる義務があります。

ア　アクセス制御
　　情報システムを使用して個人番号関係事務又は個人番号利用事務を行う場合、事務取扱担当者及び当該事務で取り扱う特定個人情報ファイルの範囲を限定するために、適切なアクセス制御を行う。
イ　アクセス者の識別と認証
　　特定個人情報等を取り扱う情報システムは、事務取扱担当者が正当なアクセス権を有する者であることを、識別した結果に基づき認証する。
ウ　外部からの不正アクセス等の防止
　　情報システムを外部からの不正アクセス又は不正ソフトウェアから保護する仕組みを導入し、適切に運用する。
エ　情報漏えい等の防止
　　特定個人情報等をインターネット等により外部に送信する場合、通信経路における情報漏えい等を防止するための措置を講ずる。

ア　**アクセス制御**（ガイドライン別添安全管理措置②Fa（56頁））

　　事業者が情報システムを使用して個人番号利用事務等（注）を行う場合、事務取扱担当者の範囲や、その事務で取り扱うマイナンバー

を含むファイルの範囲を限定するために適切なアクセス制御を行う必要があります。

ガイドラインは、アクセス制御の手法として以下の方法を例示しています。事務取扱担当者であっても、そのアクセス権限を当該事務取扱担当者の担当事務に必要な範囲に限定し、定期的にアクセス権限やその範囲を見直すことが重要です。

ア　アクセス制御（ガイドラインによる例示）
☐　個人番号と紐付けてアクセスできる情報の範囲をアクセス制御により限定する
☐　特定個人情報ファイルを取り扱う情報システムを、アクセス制御により限定する
☐　ユーザーIDに付与するアクセス権により、特定個人情報ファイルを取り扱う情報システムを使用できる者を事務取扱担当者に限定する

また、アクセス制御のほか、マイナンバーについては、プリントアウトや他のファイルへの書き出しを制限する等の対応も検討しましょう。

(注)「個人番号利用事務等」については、**第1章の2（3）**参照。

イ　アクセス者の識別と認証（ガイドライン別添安全管理措置2 Fb（57頁））

マイナンバーを取り扱う情報システムは、アクセス者が事務取扱担当者として正当なアクセス権を有することを識別、認証されなければアクセスできないようにする必要があります。

その識別方法として、ガイドラインは以下の手法を例示しています。なお、事務取扱担当者の識別に用いるパスワード等は、定期的に変更すべきでしょう。

第4章 マイナンバートラブルを防止するために

イ　アクセス者の識別と認証（ガイドラインによる例示）
□　事務取扱担当者の識別方法としては、ユーザーID、パスワード、磁気・ICカード等が考えられる

ウ　外部からの不正アクセス等の防止（ガイドライン別添安全管理措置②Fc（57頁））

　事業者は、情報システムを外部からの不正アクセス又は不正ソフトウェアから保護する仕組みを導入し、適切に運用しなければなりません。

　ガイドラインが例示する外部からの不正アクセス等の防止の手法は以下のとおりです。

ウ　外部からの不正アクセス等の防止（ガイドラインによる例示）
□　情報システムと外部ネットワークとの接続箇所に、ファイアウォール等を設置し、不正アクセスを遮断する
□　情報システム及び機器にセキュリティ対策ソフトウェア等（ウイルス対策ソフトウェア等）を導入する
□　導入したセキュリティ対策ソフトウェア等により、入出力データにおける不正ソフトウェアの有無を確認する
□　機器やソフトウェア等に標準装備されている自動更新機能等の活用により、ソフトウェア等を最新状態とする
□　ログ等の分析を定期的に行い、不正アクセス等を検知する

　不正アクセス等のリスクをゼロにすることは難しいことを考慮すると、できれば、マイナンバーを取り扱う情報システムについては、外部ネットワークから遮断されたコンピュータにて管理することが望ましいでしょう。

また、ガイドラインQ&Aは、標的型メール攻撃等に対処するためには、情報システムを外部からの不正アクセス又は不正ソフトウェアから保護する仕組みを導入し、適切に運用する等のガイドラインの遵守に加え、以下の安全管理措置を講ずることを提案しています（ガイドラインQ&A11-4）。

- ・不正アクセス等の被害を最小化する仕組み（ネットワークの遮断等）の導入及び適切な運用
- ・特定個人情報ファイルを端末に保存する必要がある場合、パスワードの設定又は暗号化による秘匿化（不正に入手した者が容易に解読できないように、暗号鍵及びパスワードの運用管理、パスワードに用いる文字の種類や桁数等の要素を考慮する）。
- ・情報漏えい等の事案の発生又は兆候を把握した場合の迅速な情報連絡体制についての確認・訓練の実施
- ※また、独立行政法人情報処理推進機構（IPA）等がホームページ（注）で公表するセキュリティ対策等を参考にすることも考えられます

（注）独立行政法人情報処理推進機構（IPA）のウェブサイト：https://www.ipa.go.jp/index.html

エ　情報漏えい等の防止（ガイドライン別添安全管理措置2 Fd（57頁））

　事業者において、マイナンバーをインターネット等により外部に送信する必要があるような場合は、暗号化やパスワード設定などにより、通信経路における情報漏えい等を防止するための措置を講ずる必要があります。

　ガイドラインが例示する情報漏えい等の防止の手法は以下のとおりです。これらの場合、復号のための鍵やパスワードの連絡や管理についても十分に気を付けなければなりません。また、誤操作防止のため、送信の宛先入力のオートコンプリート機能をオフにしておく

等の対応も検討しましょう。

エ　情報漏えい等の防止（ガイドラインによる例示）
□　通信経路における情報漏えい等の防止策としては、通信経路の暗号化等が考えられる
□　情報システム内に保存されている特定個人情報等の情報漏えい等の防止策としては、データの暗号化又はパスワードによる保護等が考えられる

（5）中小規模事業者における安全管理措置

　ガイドラインが求める安全管理措置の本則は上記（4）のとおりですが、ガイドラインは、中小規模の事業者については、事務で取り扱うマイナンバーの数も、マイナンバーを取り扱う従業者の数も限定的であること等を勘案して、中小規模事業者が講ずるべき安全管理措置の内容を、特例的に軽減しています。

………① 中小規模事業者とは

　安全管理措置の内容が軽減される「中小規模事業者」とは、事業者のうち従業員（注）の数が100人以下の事業者であって、以下を除く事業者をいいます。

- ・個人番号利用事務実施者
- ・委託に基づいて個人番号関係事務又は個人番号利用事務を業務として行う事業者
- ・金融分野の事業者
- ・個人情報取扱事業者

（注）ここで、「従業員」とは、中小企業基本法における従業員をいい、労働基準法20条により解雇の予告を必要とする労働者をいいます（いわゆる日雇い、雇用契約の期間が2カ月以内の者、4カ月以内の季節労働者や試用期間中の者など解雇予告の適用除外とされている者は除外）。なお、中小規模事業者であるか否かは、事業年度末（事業年度

がない場合には年末等）における従業員の数で判定し、毎年見直す必要があります（ガイドラインQ&A11-2）。

……② 中小規模事業者が講ずるべき安全管理措置

　図表5-3は、特定個人情報保護委員会事務局が作成した資料中の表を調整のうえ、融合させたものですが、中小規模事業者が講ずるべき安全管理措置は、その「中小規模事業者における対応方法」欄に記載するとおりです。このうち、「望ましい」と記載される対応については、「義務」ではないと解されています（ガイドライン第1（1頁））。

　なお、先に述べたとおり、平成27年9月の個人情報保護法改正により、個人情報の取扱量の小さい民間事業者を、個人情報保護法上の安全管理措置を講ずる義務の適用除外とする規定が廃止されましたが、ガイドラインの策定担当官は、かかる適用除外が廃止されても、中小規模事業者のマイナンバーに関する安全管理措置の軽減特例は廃止されないだろうとの見込みを示しています（注）。

（注）前掲NBL1052号33頁（磯村発言）

第4章　マイナンバートラブルを防止するために

図表5-3　安全管理措置の中小規模事業者における対応方法

安全管理措置の内容（本則）	中小規模事業者における対応方法	？ヒント？
A基本方針の策定 特定個人情報等の適正な取扱いの確保について組織として取り組むために、基本方針を策定することが重要である。	【軽減なし】（注1）	➢ 基本方針の策定は義務ではありませんが、作ってあれば従業員の教育に役立ちます。
B取扱規程等の策定 事務の流れを整理し、特定個人情報等の具体的な取扱いを定める取扱規程等を策定しなければならない。	○ 特定個人情報等の取扱い等を明確化する。 ○ 事務取扱担当者が変更となった場合、確実な引継ぎを行い、責任ある立場の者が確認する。	➢ 業務マニュアル、業務フロー図、チェックリスト等に、マイナンバーの取扱いを加えることも考えられます。
C組織的安全管理措置 事業者は、特定個人情報等の適正な取扱いのために、次に掲げる組織的安全管理措置を講じなければならない。		
a組織体制の整備 安全管理措置を講ずるための組織体制を整備する。	○ 事務取扱担当者が複数いる場合、責任者と事務取扱担当者を区分することが望ましい。	➢ けん制効果が期待できる方法です。
b取扱規程等に基づく運用 取扱規程等に基づく運用状況を確認するため、システムログ又は利用実績を記録する。	○ 特定個人情報等の取扱状況の分かる記録を保存する。	➢ 例えば、次のような方法が考えられます。 ・業務日誌等において、特定個人情報等の入手・廃棄、源泉徴収票の作成日、本人への交付日、税務署への提出日等の、特定個人情報等の取扱状況等を記録する。 ・取扱規程、事務リスト等に基づくチェックリストを利用して事務を行い、その記入済みのチェックリストを保存する。
c取扱状況を確認する手段の整備 特定個人情報ファイルの取扱状況を確認するための手段を整備する。 なお、取扱状況を確認するための記録等には、特定個人情報等は記載しない。		
d情報漏えい等事案に対応する体制の整備 情報漏えい等の事案の発生又は兆候を把握した場合に、適切かつ迅速に	○ 情報漏えい等の事案の発生等に備え、従業者から責任ある立場の者に対する報告連絡体制等をあらかじめ確	➢ 業務遂行の基本、「ほうれんそう」（報告・連絡・相談）を確認しましょう。

1 安全管理措置

対応するための体制を整備する。情報漏えい等の事案が発生した場合、二次被害の防止、類似事案の発生防止等の観点から、事案に応じて、事実関係及び再発防止策等を早急に公表することが重要である。	認しておく。	
e 取扱状況の把握及び安全管理措置の見直し 特定個人情報等の取扱状況を把握し、安全管理措置の評価、見直し及び改善に取り組む。	○ 責任ある立場の者が、特定個人情報等の取扱状況について、定期的に点検を行う。	➢ 事業者のリスクを減らすための方策です。

D 人的安全管理措置

事業者は、特定個人情報等の適正な取扱いのために、次に掲げる人的安全管理措置を講じなければならない。

a 事務取扱担当者の監督 事業者は、特定個人情報等が取扱規程等に基づき適正に取り扱われるよう、事務取扱担当者に対して必要かつ適切な監督を行う。	【軽減なし】	➢ 従業員の監督・教育は、事業者の基本です。 従業員にマイナンバー4箇条を徹底しましょう。(注2)
b 事務取扱担当者の教育 事業者は、事務取扱担当者に、特定個人情報等の適正な取扱いを周知徹底するとともに適切な教育を行う。	【軽減なし】	

E 物理的安全管理措置

事業者は、特定個人情報等の適正な取扱いのために、次に掲げる物理的安全管理措置を講じなければならない。

a 特定個人情報等を取り扱う区域の管理 特定個人情報等の情報漏えい等を防止するために、特定個人情報ファイルを取り扱う情報システムを管理する区域(以下「管理区域」という)及び特定個人情報等を取り扱う事務を実施する区域(以下「取扱区域」という)を明確にし、物理的な安全管理措置を講ずる。	【軽減なし】	➢ 事業者の規模及び特定個人情報等を取り扱う事務の特性等によりますが、例えば、壁又は間仕切り等の設置及び覗き見されない場所等の座席配置の工夫等が考えられます。(注3)
b 機器及び電子媒体等の盗難等の防止 管理区域及び取扱区域における特定	【軽減なし】	➢ 事業者の規模及び特定個人情報等を取り扱う事務の

第4章 マイナンバートラブルを防止するために

個人情報等を取り扱う機器、電子媒体及び書類等の盗難又は紛失等を防止するために、物理的な安全管理措置を講ずる。		特性等によりますが、例えば、書類等を盗まれないように書庫等のカギを閉める等が考えられます。（注4）
c 電子媒体等を持ち出す場合の漏えい等の防止 特定個人情報等が記録された電子媒体又は書類等を持ち出す場合、容易に個人番号が判明しない措置の実施、追跡可能な移送手段の利用等、安全な方策を講ずる。 「持出し」とは、特定個人情報等を、管理区域又は取扱区域の外へ移動させることをいい、事業所内での移動等であっても、紛失・盗難等に留意する必要がある。	○ 特定個人情報等が記録された電子媒体又は書類等を持ち出す場合、パスワードの設定、封筒に封入し鞄に入れて搬送する等、紛失・盗難等を防ぐための安全な方策を講ずる。	➢ 置き忘れ等にも気を付けましょう。
d 個人番号の削除、機器及び電子媒体等の廃棄 個人番号若しくは特定個人情報ファイルを削除した場合、又は電子媒体等を廃棄した場合には、削除又は廃棄した記録を保存する。また、これらの作業を委託する場合には、委託先が確実に削除又は廃棄したことについて、証明書等により確認する。	○ 特定個人情報等を削除・廃棄したことを、責任ある立場の者が確認する。	➢ 事業者のリスクを減らすために大切です。
F 技術的安全管理措置 事業者は、特定個人情報等の適正な取扱いのために、次に掲げる技術的安全管理措置を講じなければならない。		
a アクセス制御 情報システムを使用して個人番号関係事務又は個人番号利用事務を行う場合、事務取扱担当者及び当該事務で取り扱う特定個人情報ファイルの範囲を限定するために、適切なアクセス制御を行う。	○ 特定個人情報等を取り扱う機器を特定し、その機器を取り扱う事務取扱担当者を限定することが望ましい。 ○ 機器に標準装備されているユーザー制御機能（ユーザーアカウント制御）により、情報システムを取り扱う事務取扱担当者を限定することが望ましい。	➢ 担当者以外の者に勝手に見られないようにしましょう。
b アクセス者の識別と認証		

1 安全管理措置

特定個人情報等を取り扱う情報システムは、事務取扱担当者が正当なアクセス権を有する者であることを、識別した結果に基づき認証する。		
c 外部からの不正アクセス等の防止 情報システムを外部からの不正アクセス又は不正ソフトウェアから保護する仕組みを導入し、適切に運用する。	【軽減なし】	➢ インターネットにつながっているパソコンで作業を行う場合の対策です。例えば、次のような方法が考えられます。 ・ウイルス対策ソフトウェア等を導入する。 ・機器やソフトウェア等に標準装備されている自動更新機能等の活用により、ソフトウェア等を最新状態にする。
d 情報漏えい等の防止 特定個人情報等をインターネット等により外部に送信する場合、通信経路における情報漏えい等を防止するための措置を講ずる。	【軽減なし】	➢ インターネットにつながっているパソコンで作業を行う場合の対策です。例えば、データの暗号化又はパスワードによる保護等が考えられます。

（出典）特定個人情報保護委員会事務局 「マイナンバーガイドライン入門 〜特定個人情報の適正な取扱いに関するガイドライン（事業者編）の概要〜（平成26年12月版）」 14頁以下の図表と、同局 「中小企業向け はじめてのマイナンバーガイドライン 〜マイナンバーガイドラインを読む前に〜」（平成26年12月版）7頁以下の図表を調整のうえ融合

（注１）著者において追記（以下、同様）

（注２）マイナンバー４箇条とは、①取得・利用・提供のルール、②保管・廃棄のルール、③委託のルール、④安全管理措置のルールをいいます。（前掲「中小企業向け はじめてのマイナンバーガイドライン 〜マイナンバーガイドラインを読む前に〜」（平成26年12月版）１頁）

（注３）ガイドラインQ&Aは、１つの事務室で事務を行っているような事業者の場合、取扱区域の管理方法の例として、来客スペースから特定個人情報等に係る書類やパソコンの画面が見えないよう各種の工夫をすることを挙げています（ガイドラインQ&A15-1-4）。

（注４）ガイドラインQ&Aは、１つの事務室で事務を行っているような事業者における機

第4章　マイナンバートラブルを防止するために

器・電子媒体等の盗難防止に関し、通常の重要な書類等と同様に、例えば、留守にする際には確実にドアに施錠をする、特定個人情報等を取り扱う機器、電子媒体や個人番号が記載された書類等は、施錠できるキャビネット、引出等に収納し、使用しないときには施錠しておくなど盗まれないように保管すべきとしています（ガイドラインQ&A15-1-4）。

委託・再委託の管理

(1) 委託先の監督

………① 委託先における安全管理措置（ガイドライン第4-2-(1)①A（19頁））

　事業者は、委託者としてマイナンバーに関する事務の全部又は一部を委託する場合、その取り扱うマイナンバーの数にかかわらず、委託先において、マイナンバー法に基づき委託者自らが果たすべき安全管理措置（注）と同等の措置が講じられるよう、必要かつ適切な監督を行わなければなりません（マイナンバー法11）。

　委託者が、委託先に対する監督義務を怠った結果、マイナンバーの漏えい等が発生した場合、委託者がマイナンバー法違反と判断される可能性があるので注意が必要です。なお、委託に際し、マイナンバーの持ち主の事前承諾等は必要とされません。

> （注）委託者において、法令等の水準を上回る高度な安全管理措置を講じている場合であっても、委託先については、マイナンバー法、個人情報保護法等関係法令、ガイドライン及び主務大臣のガイドラインを遵守した安全管理措置が講じられるよう監督すれば足ります（ガイドラインQ&A3-1）。

………② 「委託」の該当性

　委託先の監督が必要となる「委託」に該当するか否かは、外部の業者が、業務遂行に際して、マイナンバーをその内容に含むデータを取り扱うか否かを基準として判断されます（ガイドラインQ&A3-12～3-14-2）。

　例えば、事業者が、マイナンバーを取り扱う情報システムに外部のクラウドサービスを利用するケースでは、クラウド業者がマイナンバーを含むデータを取り扱わないという契約上の合意があり、かつ、適切なアクセス

制御がある場合などは、クラウド業者がマイナンバーを含むデータを取り扱わない、つまりマイナンバー法上の「委託」に該当しないと解されます（ガイドラインQ&A3-12）。そして、マイナンバーを取り扱う情報システムの保守を外部委託するケースでも、それが単純なハードウェア・ソフトウェアの保守サービスであって、保守業者がマイナンバーを含むデータを取り扱わないという契約上の合意があり、かつ、適切なアクセス制御がある場合などは、マイナンバー法上の「委託」に該当しないと解されます（ガイドラインQ&A3-14）。

また、マイナンバーの受渡しに関して配送業者や通信事業者のサービスを利用する場合も、通常、配送業者や通信事業者は移送又は伝達する情報の内容に関知しないため、「委託」にあたらないと解されます。（ガイドラインQ&A3-14-2）

マイナンバー法上の「委託」に該当しない場合、サービス等を利用する事業者は、業者の監督義務を負いませんが、クラウド上のデータの保護や、移送等に係る外部業者の選定など、自己の安全管理措置として、マイナンバーが流出しないよう適切な措置を講ずる必要があることに注意が必要です。

（2）必要かつ適切な監督

事業者がマイナンバーに関する事務を委託する場合、委託者たる事業者は、「必要かつ適切な監督」として、①委託先の適切な選定、②委託先に安全管理措置を遵守させるために必要な契約の締結、③委託先における特定個人情報の取扱状況の把握が求められます。委託先が国外の事業者である場合も同様です（ガイドラインQ&A3-3）（ガイドライン第4-2-(1)①B（20頁））。

………① 委託先の適切な選定

委託者は、委託先の選定にあたり、あらかじめ、委託先の設備、技術水

準、従業者に対する監督・教育の状況、その他委託先の経営環境等を確認し、委託先において自己が講ずべき安全管理措置と同等の措置が講じられるか否かを確認しなければなりません。

……② 委託先に安全管理措置を遵守させるために必要な契約の締結

そして、委託契約には、以下の規定を盛り込む必要があります。

規定の義務がある条項	・秘密保持義務 ・事業所内からの特定個人情報の持ち出しの禁止 ・特定個人情報の目的外利用の禁止 ・再委託における条件 ・漏えい事案等が発生した場合の委託先の責任 ・委託契約終了後の特定個人情報の返却又は廃棄 ・従業者に対する監督・教育 ・契約内容の遵守状況について報告を求める規定
規定が望ましい条項	・特定個人情報を取り扱う従業者の明確化 ・委託者による委託先への実地の調査を行うことができる規定

……③ 委託先における特定個人情報の取扱状況の把握

また、委託者は、委託契約に基づき、契約の遵守状況の報告を求め、場合によっては委託先に立入調査をすること等によって、委託先におけるマイナンバーの取扱状況を把握しなければなりません。

委託者は、委託先に対する監督義務を負いますので、委託先において安全管理措置が適切に講じられていない場合や委託先におけるマイナンバーの取扱いが適切でない場合、委託先に改善を求める必要があるほか、場合によっては、委託先の変更を検討する必要もあるでしょう。

(3) 再委託

……① 再委託の要件

　マイナンバーに関する事務の委託先は、最初の委託者の許諾を受けた場合に限り、その委託を受けた事務を、第三者に再委託することができます（マイナンバー法10）。再委託を受けた者が、さらに再委託する場合も、最初の委託者の許諾が必要であり、その後、さらに再委託が重ねられる場合も同様です。なお、再委託の許諾の方法に特段制限はありませんが、実務上は、書面など記録に残る形式によることが望ましいと考えられます（ガイドライン Q&A3-10）。

　再委託の許諾は、実際に再委託を行う時点で、最初の委託者に求めるのが原則です。もっとも、元の委託契約の締結時点で具体的な再委託先が定まっており、その再委託先が必要かつ適切な安全管理措置を講ずる能力があることが確認された等の事情があれば、あらかじめ再委託の許諾を得ることができる場合もあると解されています（ガイドライン Q&A3-9）。

……② 再委託先の監督

　最初の委託者が監督義務を負う対象は、その委託者が直接委託する委託先事業者です。もっとも、例えば、甲（最初の委託者）→ 乙 → 丙 → 丁と順次委託される場合、甲の乙に対する監督義務の内容には、乙による再委託の適否だけでなく、乙が丙や丁に対して必要かつ適切な監督を行っているかどうかを監督することも含まれます。したがって、最初の委託者である甲は、直接の委託先である乙に対する（直接の）監督責任に加え、再委託先である丙、丁に対しても、間接的に監督義務を負うこととなります。

　そのため、再委託先からマイナンバーが漏えい等した場合、最初の委託者は、委託先に対する監督責任を問われる可能性があります。委託者は、再委託の許諾をするにあたっては、再委託先が必要かつ適切な安全管理措

置を講じているか、再委託先を適切に監督できるか等を慎重に検討する必要があるでしょう。

図表5-4　委託・再委託の流れ

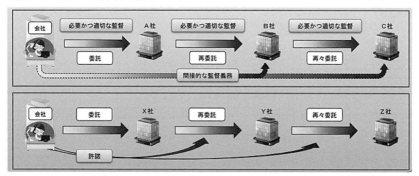

（出典）特定個人情報保護委員会事務局　「中小企業向け　はじめてのマイナンバーガイドライン　～マイナンバーガイドラインを読む前に～」（平成26年12月版）4頁。

# 従業者の監督・教育

　事業者は、マイナンバーを取り扱うにあたり、安全管理措置を講じ、また、委託先や再委託先を管理するなどにより、マイナンバーの適切な管理を図る義務を負っています。もっとも、事業者において実際にマイナンバーを取り扱う主体は従業者ですので、それぞれの従業者が、事業者が定める安全管理措置等を尊重しなければ、事業者の安全管理措置の意義が失われてしまいます。

　そのため、事業者は、従業者にマイナンバーを取り扱わせるに際し、マイナンバーの安全管理措置が適切に講じられるよう、従業者に対する必要かつ適切な監督を行う義務を負っています（ガイドライン第4-2-(2)（22頁））。上記1（4）④のとおり、ガイドラインは、このうち事務取扱担当者の監督及び教育を、人的安全管理措置として安全管理措置の一部に組み込んでいます。

………① 従業者の監督

　第3章の2で述べたように、個人情報漏えい等の事案の多くは、故意であれ過失であれ、その発生に内部者が関与しており、マイナンバーに関する漏えい等の事案も同様の経緯で生ずると推測されます。そのため、事業者は、これを防止するため、マイナンバーが取扱規程等に基づき適正に取り扱われるよう、事務取扱担当者を適切に監督する必要があります。

　事務取扱担当者の監督は、マイナンバーの取扱いに関する責任の所在や役割分担などを職務分掌規定などの社内規程に組み込むほか、監査等によりマイナンバーの取扱状況や事務の運用状況を把握し、組織的な内部統制

を介して行うことが想定されます。その前提として、組織的安全管理措置（上記1（4）③）として適切な内部統制システムが構築されていることが必要です。

　また、事務取扱担当者に限らず従業者全体に適用される就業規則等において、マイナンバーに関する秘密保持条項を盛り込み、その違反にペナルティーを科すなど、意図的なマイナンバーの漏えい等の防止を図る方法も検討しましょう。

………② 従業者の教育

　マイナンバーを適正に取り扱うためには、これを取り扱う担当者が、取扱いに関するルールを十分に理解していることが前提として必須です。事務取扱担当者がうっかりマイナンバーを持ち出して紛失したり、ウイルスメールを開いて情報が流出するなど、事務取扱担当者の知識不足に起因する情報漏えい等を防止するためにも、事務取扱担当者に対する定期的なマイナンバー制度や取扱規程等の教育を通じて、これらを周知徹底することが必要です。また、事務取扱担当者以外の従業者が意図せずマイナンバー法の規制に抵触することがないよう、その他の従業者に対するマイナンバー制度の教育も必要でしょう。

　その際、マイナンバーは通常の個人情報と異なって、本人の同意がある場合における第三者への提供や本人への提供も制限されるなど、個人情報保護制度との違いを意識した教育が望まれます。

　さらに、従業者が軽い気持ちでマイナンバーの情報を売却するなど不正行為に関与しないように、マイナンバー制度やマイナンバーの取扱ルールと合わせて、従業者に対し、情報漏えい等が生じた場合に、会社や関与した従業者自身がどのような法律上、行政上、及び社会的な責任やダメージを被るか、また、従業者が社内規程上どのようなペナルティーを科されるのかについても、教育しておくことが重要でしょう。

特定個人情報保護評価

　特定個人情報保護評価とは、情報提供ネットワークシステムを使用して情報連携を行う事業者が、特定個人情報の漏えいその他の事態を発生させるリスクを分析し、そのようなリスクを軽減するための適切な措置を講ずることを宣言するものです（ガイドライン第4-5（36頁））。

　特定個人情報保護評価は、主に行政機関等において義務付けられるものであって、民間事業者は、一定規模の健康保険組合を除き（注）、特定個人情報保護評価の義務はありません。もっとも、特定個人情報保護評価における、漏えい等のリスクを分析し、そのリスク軽減措置を講ずるというプロセスは、民間事業者において安全管理措置を講じ、また、その見直しをする際に有用です。

　事業者が安全管理措置を検討し又は見直す際、リスクアセスメントや具体的な安全管理措置の検討において、評価書記載の項目に沿ってリスクを分析し、そのリスクへの対応が適切かを自主点検するなど特定個人情報保護評価の手法を活用するとよいでしょう。

　（注）いわゆる「単一型」や、加入者が1,000人未満の健康保険組合などは、特定個人情報保護評価の義務の対象外となっています。なお、健康保険組合以外の民間事業者も、企業年金の事業主等としては、情報提供ネットワークシステムを使用して情報連携を行うことになっていますが、企業年金におけるマイナンバーの導入は、当面見送られることになりましたので、とりあえずは、特定個人情報保護評価が義務付けられることはありません。

本人の側における留意事項

　マイナンバーの漏えい等の発生により直接被害を受けるのは、マイナンバーの持ち主である個人です。
　第3章の1（3）で述べたとおり、日本におけるマイナンバー制度は、マイナンバー単独では不正利用ができないよう設計されていますが、身元確認書類とともにマイナンバーが入手されてしまった場合は、成りすましを含む不正利用のおそれが高まりますし、また、自分のマイナンバーが悪用されるのではないかと不安に思うなど精神的な負担にもなります。
　マイナンバーの漏えい等の被害にあわないようにするためには、各個人において、極力マイナンバーを知られないようにすることが重要です。通知カードや個人番号カードは厳重に保管し、マイナンバーを不必要に提供してはいけません。備忘等のために、マイナンバーをメモすることも避けましょう。また、身分証明書として個人番号カードを用いる場合、マイナンバーが記載された裏面がコピーされたり、マイナンバーが書きとめられたりしないよう注意することも必要です。なお、第1章の2（5）で述べたとおり、個人番号カードは、そのICチップに搭載された公的個人認証によりマイナポータルにログインすることが予定されています。マイナポータルには、重要な個人情報が多数集約されており、不正にログインされると、これらの情報が漏えい等するおそれがありますので、個人番号カードの保管には特に気を付けましょう。

　なお、特定個人情報保護委員会は、マイナンバー制度をかたって、電話や郵便等で個人情報を聞き出そうとする事案が既に各地で発生していると

して、注意を喚起しています。同委員会のウェブサイトによると、「マイナンバー制度を知っているか。制度が始まると、金融機関に登録した個人情報に訂正がある場合は取り消さなければならない。」「お金を支給するので口座番号を教えてほしい。マイナンバー制度が始まると手続が面倒になる。」など、不審な電話や郵便等が来たとの情報が寄せられているようです。また、マイナンバー占いと称して、番号を入力させるサイトも見受けられるようです（注1）。その他、マイナンバーを教えたことは犯罪だとして、数百万を脅し取られたケースや、マイナンバーが流出したとして"取消料"や"消去料"を要求されたケースなどが報道されています。

　これまで述べてきたように、事業者等がマイナンバーを利用できる事務は極めて限定されており、個人番号利用事務等以外の目的でマイナンバーを利用する行為はマイナンバー法に抵触します。そのため、マイナンバーの利用が予定されている社会保障、税、災害対策分野に関係なく、例えばなんらかの申込書等の書類にマイナンバーの記入を求められたり、マイナンバーを聞かれたりした場合、不用意にマイナバーを記載したり回答したりせず、必ず提供相手と利用目的を確認しましょう。また、マイナンバー制度やマイナンバーの流出に関連して個人情報や金員の提供を求められるなど、不審な電話があればすぐに切り、来訪の申し出があっても断るようにしましょう。不安な点があれば、消費生活センター（消費者ホットライン188）や警察等にご相談ください（注2）。

（注1）特定個人情報保護委員会ウェブサイト http://www.ppc.go.jp/
（注2）国民生活センターウェブサイト
　　　 http://www.kokusen.go.jp/news/data/n-20150915_1.html

　なお、マイナンバー制度や通知カード・個人番号カードについて不明な点があれば、以下のナビダイヤルにお問い合わせください。

5 本人の側における留意事項

マイナンバー制度のお問い合わせは

0570-20-0178（全国共通ナビダイヤル）
（マイナンバー）

　　平　日　9：30〜22：00

　　土日祝　9：30〜17：30（年末年始12月29日〜1月3日を除く）

※　ナビダイヤルは通話料がかかります。
※　外国語対応（英語・中国語・韓国語・スペイン語・ポルトガル語）は0570-20-0291におかけください。
※　中国語・韓国語・スペイン語・ポルトガル語対応については、
　　平日9：30〜20：00、土日祝9：30〜17：30となります。
※　一部IP電話等で上記ダイヤルに繋がらない場合は、060-3916-9406におかけください。

通知カード・個人番号カードについてのお問い合わせは

0570-283-578（全国共通ナビダイヤル）

　　平　日　8：30〜22：00

　　土日祝　9：30〜17：30（年末年始12月29日〜1月3日を除く）

※　ナビダイヤルは通話料がかかります。
※　外国語対応（英語・中国語・韓国語・スペイン語・ポルトガル語）は0570-064-799におかけください。
※　一部IP電話等で上記ダイヤルに繋がらない場合は、050-3818-1250におかけください。

（出典）前掲　特定個人情報保護委員会ウェブサイト

＜事務所紹介＞

田辺総合法律事務所（代表弁護士：田辺克彦）
昭和53年6月開設。45名の弁護士が所属。企業法務の総合病院として以下の取扱分野について「臨床法務」「予防法務」「戦略法務」のノウハウを豊富に有している。

取扱分野：
コーポレートガバナンス／企業不祥事対応／株主総会指導／知的財産権／労働法／独占禁止法／債権管理／IT法／デューデリジェンス／企業買収・再編／買収防衛／ファイナンス／不動産／税法／生命保険・損害保険／金融商品取引法／薬事・バイオ・医療／環境法／ベンチャー／倒産法／刑事事件／渉外案件

著書：
『企業法務からみた株式評価とM&A手続──株式買取請求を中心に』（共著、清文社、平成22年）、『Q&A 大規模災害に備える企業法務の課題と実務対応』（清文社、平成23年）、『実践！営業秘密管理　企業秘密の漏えいを防止せよ！』（共編、中央経済社、平成23年）、『最新　役員報酬をめぐる法務・会計・税務』（共編著、清文社、平成24年）、『病院・診療所経営の法律相談』（青林書院、平成25年）、『企業法務の First Aid Kit　問題発生時の初動対応』（レクシスネクシスジャパン、平成26年）など多数。

事務所：
〒100-0005
東京都千代田区丸の内3丁目4番2号　新日石ビル10階
TEL 03-3214-3811　FAX 03-3214-3810
http://www.tanabe-partners.com/

＜編集代表＞

植松　祐二（田辺総合法律事務所パートナー弁護士）
平成9年、東京大学法学部卒業。平成12年、弁護士登録、田辺総合法律事務所入所。平成19年、最高裁判所司法研修所所付（民事弁護）。平成24年、日本ベリサイン株式会社（現合同会社シマンテック・ウェブサイトセキュリティ）監査役。
マイナンバー制度に関する数多くのセミナーで講師を務めるほか、顧問先企業のマイナンバー対応の指導にも当たる。
【著書等】
『実践！営業秘密管理　企業秘密の漏えいを防止せよ！』（共著、中央経済社、平成23年）、『Catch the Case 民法』（共著、商事法務、平成25年）、「自社の社名や商品名を他社に商標登録されてしまったら？」（共著、BUSINESS LAW JOURNAL No.75、平成26年）、『企業

法務の First Aid Kit　問題発生時の初動対応』（共著、レクシスネクシスジャパン、平成26年）、「営業秘密保護の具体的手法」（日本知財学会誌、平成26年）等。

伊藤　英之（田辺総合法律事務所弁護士）
平成16年、東京大学法学部卒業。平成18年、東京大学法科大学院修了。平成19年、弁護士登録、田辺総合法律事務所入所。
マイナンバー制度に関する数多くのセミナーで講師を務めるほか、顧問先企業のマイナンバー対応の指導にも当たる。
【著書等】
「一時帰休を実施するにあたっての実務上のポイント」（共著、BUSINESS LAW JOURNAL No.16、平成21年）、『社会インフラとしての新しい信託』（共著、弘文堂、平成22年）、「子会社再編の手法としての三角株式交換」（BUSINESS LAW JOURNAL No.34、平成23年）、「信託が拓く、新しい課題『第5回　弁護士による信託の受託に向けての課題と対応策』」（共著、NBL No.1051、平成27年）、「進んでいますか、マイナンバー対応 〜対応を怠ることによる民間事業者のリスク〜」（BUSINESS LAW JOURNAL No.89、平成27年）等。

＜執筆者＞

加野　理代（田辺総合法律事務所パートナー弁護士）
平成3年、東京大学法学部卒業。平成5年、弁護士登録、田辺総合法律事務所入所。平成25年、司法試験考査委員（環境法）。平成26年、日本中央競馬会入札監視委員会委員、内閣府障害者政策委員会委員。平成27年、株式会社山梨中央銀行社外取締役。
【著書等】
『実践！営業秘密管理　企業秘密の漏えいを防止せよ！』（共著、中央経済社、平成23年）、『病院・診療所経営の法律相談』（共著、青林書院、平成25年）、『企業法務の First Aid Kit　問題発生時の初動対応』（共著、レクシスネクシスジャパン、平成26年）等。

山宮　道代（田辺総合法律事務所パートナー弁護士）
平成5年、東京大学法学部卒業。平成5年、大阪ガス株式会社入社。平成10年、弁護士登録。平成17年、米国ニューヨーク州弁護士登録。平成21年、国土交通省発注者綱紀保持担当弁護士。平成22年、田辺総合法律事務所入所。
【著書等】
「日本と台湾の企業間契約における紛争解決条項」（BUSINESS LAW JOURNAL No.57、平成24年）、『病院・診療所経営の法律相談』（共著、青林書院、平成25年）、『企業法務の First Aid Kit　問題発生時の初動対応』（共著、レクシスネクシスジャパン、平成26年）等。

貝塚　光啓（田辺総合法律事務所パートナー弁護士）
平成8年、東京大学法学部卒業。平成13年10月、弁護士登録、田辺総合法律事務所入所。平成

19年、学校法人東京医科大学教学審議会委員。
【著書等】
「広告などの表示に潜む法的リスク」(BUSINESS LAW JOURNAL No.18、平成21年)、『企業法務からみた株式評価とM&A手続――株式買取請求を中心に』(共著、清文社、平成22年)、『最新　役員報酬をめぐる法務・会計・税務』(編集、清文社、平成24年) 等。

内藤　亜雅沙（田辺総合法律事務所パートナー弁護士・米国ニューヨーク州弁護士）
平成11年、東京大学法学部卒業。平成13年、弁護士登録。平成20年、米国ニューヨーク州弁護士登録。平成23年、田辺総合法律事務所入所。平成27年、ブックオフコーポレーション株式会社社外監査役。
【著書等】
「震災発生時の契約責任――基本的事例の整理」(NBL No.951、平成23年)、「電子記録債権制度の概要と導入検討におけるポイント　でんさいネットのサービス開始に向けて」(BUSINESS LAW JOURNAL No.59、平成25年)、『企業法務のFirst Aid Kit　問題発生時の初動対応』(共著、レクシスネクシスジャパン、平成26年) 等。

橋本　裕幸（田辺総合法律事務所パートナー弁護士）
平成13年、東京大学法学部卒業。平成14年、弁護士登録、田辺総合法律事務所入所。平成21～22年、民間企業に出向。
【著書等】
「役員・従業員の他社株式売買とインサイダー取引防止策」(BUSINESS LAW JOURNAL No.19、平成21年)、「世界的スポーツイベントとアンブッシュ・マーケティング」(BUSINESS LAW JOURNAL No.71、平成26年)、『企業法務のFirst Aid Kit　問題発生時の初動対応』(共著、レクシスネクシスジャパン、平成26年) 等。

マイナンバー制度　トラブル対応ガイドブック
～身近な疑問からリスク管理・危機対応まで

2015年11月20日　初　版発行
2015年11月30日　第2刷発行
2019年7月1日　第3刷発行

編　者　田辺総合法律事務所 ©

発行者　小泉　定裕

発行所　株式会社 清文社
　　　　東京都千代田区内神田1-6-6（MIFビル）
　　　　〒101-0047　電話 03(6273)7946　FAX 03(3518)0299
　　　　大阪市北区天神橋2丁目北2-6（大和南森町ビル）
　　　　〒530-0041　電話 06(6135)4050　FAX 06(6135)4059
　　　　URL http://www.skattsei.co.jp/

印刷：藤原印刷㈱

■著作権法により無断複写複製は禁止されています。落丁本・乱丁本はお取り替えします。
■本書の内容に関するお問い合わせは編集部までFAX（03-3518-8864）でお願します。

ISBN978-4-433-54215-3